ASD、ADHDの
子どもが中学生、
高校生になる前に

多感で人間関係が
複雑になる時期に
知っておきたいこと

親子で
力を合わせ

思春期の発達障害を乗り越える

監修＊宮尾益知 どんぐり発達クリニック院長

河出書房新社

はじめに

子どもから大人へ……。心も身体も大きく変化する時期が思春期です。もちろん生活環境も大きく変化し、学校生活以外にもサークル活動やクラブ活動、さらに友だち同士での行動の範囲も広がっていきます。もちろん親に対してもさまざまに複雑な感情を持ち始めるのもこの時期です。もちろん、思春期は誰にでも訪れます。とはいえ、ASDやADHDの特性がある子どもたちは、それぞれの特性によって学校生活や友だち付き合いに対して困難を伴うことがあります。

思春期の子どもたちのボーイズトークやガールズトークになじめない、授業中に先生からたくさんの注意をされる。中学の次は高校受験の準備をしなくてはならないといった複雑さが現れるのです。発達障害の子どもたちにある「こだわり」や個性的な「感じ方」を理解することによって、発達障害の思春期の子どもたちが抱える生活の中での困難さを和らげることはできるのです。

多様な生き方が受容され始めた子どもたちの将来に、発達障害の子どもたちはどんな対応や心構えをすればいいのか。この本の中にはそれらのヒントがあります。思春期の子どもたちにはどうしても親の支援が必要です。もちろん、子どもたちも自分の不安や困ったことを理解し、親とともにさまざまな場面での過ごし方や将来を考えなくてはなりません。

この本では、思春期に発達障害の特性に悩んでいる親子のために、さまざまな場面ごとの対応策がやさしく解説してあります。親子で特性を理解し、適切な支援によって子どもの暮らしの質や将来に向けた考え方を見直すことで、親も子どもも楽に大きな成長をすることができるのです。

Contents ◆

Contents ◆

Contents ◆

第1章

発達障害って、どんな障害？

発達障害は、コミュニケーション、言語、社会性などの発達に、なんらかの特性や偏りがあることで生じる不適応な状態をいいます。生まれながらに脳機能に障害があると考えられ、成長とともに治ることはない一方、進行することもありません。発達障害とはどのようなものか、基本的な知識を押さえておきましょう。

発達障害のおもな特徴

発達障害は、先天的に脳の機能になんらかの問題があることで起こる不適応の状態をいい、おもに三つの種類に分類されます。

発達障害は、どのような状態をいう？

近年、「発達障害」が広く知られるようになってきました。しかし、いまだに正しく理解されているとはいえません。

これまで発達障害がなぜ起こるのか、原因やメカニズムがよくわからなかったことから、親の育て方や生活環境、本人の性格のせいなど思われていました。当の親や周囲も、「自分たちのしつけが悪かったのだろうか」「愛情のかけ方が足りなかったのかもしれない」などと思い悩み、自らを責めて苦しむ人も少なくありませんでした。

現在では研究が進み、発達障害は生まれつき脳の機能になんらかの不具合があり、成長の過程でさまざまな症状や特性があらわれて、不適応の状態になることがわかっています。しかも、精神的な症状ではなく、おもに行動面に問題があって、生活や学習面に不都合や困難が生じることが明らかになっています。けっして親の育て方や本人の性格のせいではありません。

そのため、ある種の特性や傾向があっても、社会にうまく適応し、生活を送る上でとくに支障がないようなら、発達障害があるとはみなされません。

発達障害には、おもに三つの種類がある

発達障害にはいくつかの分類がありますが、大きく「ＡＳＤ（自閉症スペクトラム障害）」「ＡＤＨＤ（注意欠如・多動性障害）」「ＬＤ（学習障害）」の三つに分けられます。どの発達障害かを見分けるために、さまざまな診断基準や指標が設けられています。

ただし、特性のあらわれ方には個人差があり、単独の障害としてあらわれる場合もあれば、複数の障害を併せ持っている場合もあります。

本書で取り上げる発達障害のタイプ

ＡＤＨＤ
（注意欠如・多動性障害）

ＡＤＨＤによく見られるのは、「不注意」「多動性」「衝動性」というおもに行動面における特性です。落ち着きがない、よく考えずに行動する、ものをよくなくす、集中力に乏しい、一つのことに集中するとほかのことに注意が向けられない、時間が守れないなど多岐にわたります。

ＡＳＤ
（自閉症スペクトラム障害）

ＡＳＤの典型的な特性として、「社会的なやりとりの障害」「コミュニケーションの障害」「こだわり行動」の三つがあります（三つ組みの特性）。具体的には、社会的な対人関係を築くのが難しい、他人とコミュニケーションがとりにくい、活動や興味の範囲が狭く、こだわりが強いことなどがあげられます。

ＬＤ
（学習障害）

ＬＤは、知能全般は正常であるものの、知的能力が“部分的に”遅れている状態をいいます。知的能力として、「聞く」「話す」「読む」「書く」「計算する」「推論する」などがありますが、これらのうち一つ以上に遅れや困難が認められます。そのため小学校入学後に、授業で「教科書が読めない」「漢字が書けない」「算数の問題文が理解できない」などによって気づくケースが多く、学習の習得に時間がかかります。

★三つの特性が併存する場合もある

ＡＳＤとＡＤＨＤ、ＡＤＨＤとＬＤ、ＡＳＤとＬＤというように、種類の異なる発達障害の特性を併せ持つケースもあります。また、突発的で不規則な体の動きや発声を繰り返す「チック障害」などと併存することもあります。

ASDには、どんな特性があるの？

ASDは、おもに「社会的なやりとりの障害」「コミュニケーションの障害」「こだわり行動」の三つの特性があります。ただし、知的な遅れや言葉の遅れがない場合もあります。

ASDの子どもの基本的な特性

ASDは、かつては「自閉症」「自閉性障害」「広汎性発達障害」「アスペルガー症候群」など、さまざまな名称が用いられていました。やがて、これらは一つの連続体（スペクトラム）であるととらえるようになり、現在ではASD＝自閉症スペクトラム障害の名称が広く用いられています。

ASDの基本的な特性として、「社会的なやりとりの障害」「コミュニケーションの障害」「こだわり行動」があげられます。これらを「三つ組みの特性」といいます。

社会的なやりとりの障害は、場の空気を読むことができない、暗黙のルールを理解できないなど、社会的な場面に沿った行動がとれないことをいいます。

コミュニケーションの障害は、言葉を使って相手に何かを伝えるなどのやりとりが難しいことに加え、身振り手振りなどの非言語的コミュニケーションが理解できないことなどを指します。

こだわり行動とは、物事のある一部分に強い関心を持つ、決めたルールや手順に沿った行動をとるなどを指します。たとえば、電車ではなく電車に書かれた文字に興味を示す、お昼の時報と同時に昼食を食べ始める、おもちゃを自分の好きな順番に並べるなど、独特のこだわりを見せます。これらは不安や緊張と関連した行動と考えられています。

幼児期、とくに女の子の場合、ASDのこうした特性が目立たず、気づかれないことがあります。しかし、就学するころになると、空気が読めないために周囲にうまくなじめず、孤立してしまうことがあります。

ASDの基本的な三つの特性（三つ組みの特性）

1 人との関わりが苦手
（社会的なやりとりの障害）

- 人と目を合わせない
- 名前を呼ばれても反応しない
- 相手や状況に合わせた行動をとるのが苦手
- 自己主張が強く一方的な行動が目立つ

2 コミュニケーションがうまく取れない
（コミュニケーションの障害）

- 言葉の遅れ
- 言われた言葉をそのまま繰り返す
（オウム返し）
- 相手の表情から気持ちを読み取れない
- たとえ話を理解することが苦手

3 こだわりがある・想像力が乏しい
（こだわり行動）

- 言われたことを表面的に受け取りやすい
- 「ままごと遊び」をあまりしない
- 決まった順序や道順にこだわる
- 急に予定が変わるとパニックを起こす

ＡＤＨＤには、どんな特性があるの？

ＡＤＨＤ（注意欠如／多動性障害）は、「不注意」「多動性」「衝動性」という三つの基本的な特性があります。また、ほかの発達障害と併存している場合もあります。

ＡＤＨＤの基本的な特性

ＡＤＨＤは、英語で「attention《注意》-deficit《欠如》 hyperactivity《多動性》 disorder《障害》」といい、「不注意」「落ち着きがない（多動性）」「よく考えずに行動する（衝動性）」という三つの特性があります。

　アメリカ精神医学会による診断基準（ＤＳＭ）では、「知能発達に大きな遅れはなく、環境によるものが原因ではないにもかかわらず、多動、衝動性があり、注意が集中できない状態」と定義されています。

　また、ＡＤＨＤには三つの特性に加えて、ほかの障害を併せ持っている場合が多くあります。たとえば、ＬＤが併存する子どもはおよそ六割、不安障害や気分障害を併存する子どもは二〜七割とされています。

以前はさまざまな診断名がつけられていた

　ＡＤＨＤの特性は四歳よりも前、遅くとも七歳以前にあらわれてくることが多いようです。ただ、十二歳ごろに気づかれるケースもあります。

一方、多動があまり目立たず、注意や集中ができないことをおもに訴える「注意欠如障害（ＡＤＤ）」の子どもは、問題行動がそれほど目立ちません。そのため青年期まで、もしくは青年期以降もきちんとした診断

ADHDの基本的な三つの特性

1 不注意

・集中力がない
・物をよくなくす
・細かいことに気がつかない
・忘れ物が多い
・特定のことに注意を留めておくことが困難で、課題に取り組んでもすぐに飽きてしまう。

2 多動性

・じっとしていられない
・授業中も席を離れてウロウロする
・静かに遊んだり、読書をしたりすることが苦手
・手や足をいつもいじっている
・授業中でも物音をたてたりする

3 衝動性

・順番を待てない
・列に割り込む
・先生からあてられる前に答える
・ほかの児童に干渉する

がされないこともあります。

　このＡＤＨＤという診断名が用いられるまでには、さまざまな変遷がありました。一九四〇年ごろは、軽い脳炎後や頭部外傷を受けた子どもたちが、あとになって極端によく動き、過度に不注意で、衝動的になることがあったことから、脳になんらかの小さな損傷ができたために起こる症状と考えられ、「微細脳損傷症候群」と呼ばれていました。また、一過性の脳の機能不全だとして「微細脳機能不全」と呼ばれたり、症状そのものをあらわす診断名として「小児期多動反応」や「過活動自動症候群」といわれることもありました。

　その後、「ＤＳＭ」が診断基準に使われるようになると、「多動が中心の症状ではなく、注意を集中あるいは持続することが困難なために、多動、衝動的になる」と考えられるようになり、ＡＤＨＤが診断名として用いられるようになりました。

LDには、どんな特性があるの？

LD（学習障害）は、「読む」「聞く」「話す」「書く」「計算する」「推論する」など脳の認知機能のいずれかに不具合が生じた状態をいいます。

六つの学習能力のいずれかに障害がある

LDは、英語の「Learning Disorder」の略で、日本では「学習障害」と訳されます。基本的な特性は、知能全般は正常でも、「聞く」「話す」「読む」「書く」「計算する」「推論する」という六つの能力のうち、一つ以上の修得や使用に障害があることです。その特性は同じようにあらわれるのではなく、人それぞれに違います。また、ほかの発達障害と併存している場合も少なくありません。

LDのおもな特性

1 「聞く」ことの障害

- 会話が理解できない
- 文章の聞き取りができない
- 書き取りが苦手
- 語や言葉の聞き誤りが多い
- 長い話を理解するのが苦手
- 長い話に集中できない
- 言葉の復唱ができない

2 「話す」ことの障害

- 筋道を立てて話すことが苦手
- 文章として話すことが苦手
- 会話に余分なことが入ってしまう
- 同じ内容を違う言い回しで話せない
- 話が回りくどく、結論までいかない

5 「計算する」ことの障害

・数字の位どりが理解できない

・繰り上がり、繰り下がりが理解できない

＊数字は1～9となり、繰り上がりで10と0から始まるという概念が理解できない。

・九九を暗記しても計算に使えない

・暗算ができない

3 「読む」ことの障害

・文字を発音できない

・間違った発音をする

・促音（小さな「つ」）や拗音（小さな「や」「ゆ」「よ」）を発音できない

・単語を読み誤る（例えば「つくえ」を「つえく」と読んでしまうなど

・文字や単語を抜かして読む

・読むのが遅い

・文章の音読はできるが、意味が理解できない

6 「推論する」ことの障害

・算数の応用問題・証明問題・図形問題が苦手

・因果関係の理解・説明が苦手

・長文読解が苦手

・直接示されていないことを推測することが苦手

4 「書く」ことの障害

・文字が書けない

・誤った文字を書く

・漢字の部首（へんとつくり）を間違う

・単語が書けない、誤った文字が混じる

・単純な文章しか書けない

・文法的な誤りが多い（「てにをは」の誤りなど）

発達障害は、成長とともに変化する

発達障害は「生涯続く状態であり、かつ変化しうる状態」とされています。三歳ごろまでに特性に気づくことが多いですが、一歳未満でも特性が見られることもあります。

気になる赤ちゃんの反応

発達障害の診断は、多くは一歳六カ月健診や三歳児健診などで、「言葉の遅れ」をきっかけに特性に気づかれることが多いものです。〝発達のマイルストーン（道しるべ）〟という、この年齢までに到達しているはずの行動に達していないことが、発達障害の診断につながります。診断が確定するのは三歳を過ぎてからが多いですが、赤ちゃんのころから特性が見られることがあります。

たとえば、おなかがすいたときやおむつが濡れているときなど、ふつうは泣いて知らせますが、特性のある赤ちゃんは泣かずに平然としている場合があります。また、ベッドで一人寝かされていても、ぐずったりせず、おとなしくしていることも珍しくありません。そうした様子に、むしろ親は「手のかからない子」「人見知りをしない子」と感じることが少なくありません。

ただし、特性のあらわれ方には個人差があり、手がかからない子がいる一方、四六時中泣いている、ミルクをきちんと飲まない、寝つきが悪い、寝てもすぐに目を覚ますなど、極端に手を焼くケースもあります。

気になるかんしゃくと気にならないかんしゃく

生後一年を過ぎると、赤ちゃんはさまざまなことに関心を持ち、自分でやってみよう、確認してみようという気持ちが強くなります。その際、うまくいかなかったり、思い通りに進まなかったりすると、かんしゃくを起こすことがあります。

赤ちゃんはそうした体験から、いろいろなことを試してみることを学び、かんしゃくを起こすことでかんしゃくを抑えること、さらには自分の感情をコントロールすることを学んでいきます。

その際、なぜかんしゃくを起こしているのか、なぜかんしゃくが収まらないのかを、周囲の大人が納得できるようなら、それは気にしなくてもよいかんしゃくです。

気になるかんしゃくは、パニックと呼ばれる状態で、前述とは反対に、どうしてかんしゃくを起こしているのか理解できない、通常のやり方でかんしゃくが収まらない状態です。このような場合、私たちの想像をはるかに超えるフラストレーションや葛藤を子どもが体験している可能性があります。

発達障害の特性の一つに、「感覚の過敏性」があります。これは、あらゆる感覚（見る、聞く、触る、嗅ぐなどの五感）が非常に強く、あるいはゆがんだ形で感じられるという体験を意味しています。

小鳥のさえずりがまるでジェット機の轟音のように聞こえたり、抱っこされることがザラザラしたムシロにくるまれているように感じたりすること、これらが感覚の過敏性です。感覚の過敏性が幼児のかんしゃくにつながっていることもあります。気になるかんしゃくは、発達障害の特性を示すサインの一つといえるかもしれません。

幼児期になると違いがはっきりしてくる

幼児期には、保育園や幼稚園、習い事などで、子どもが集団の中で過ごす時間が増えてきます。その際に、集団行動が上手にできるかどうかという点も、発達障害の特性に気づくうえで重要な意味を持ちます。

たとえば、ほかの子どもにはまったく関心を持たない、一人で遊ぶことを好む、集団でのお遊戯などで固まったり逃げ出したり、指示にうまくのれないなどの行動は、発達障害の特性を示すサインと考えられます。

発達障害の特性は、乳児期、幼児期、学童期というように、そのライフステージであらわれ方が異なります。発達障害の診断をつけることを急ぐ必要はありませんが、特性に気づいて、サポートを考慮することは早い方がいいと考えます。

発達障害は、あらわれ方に男女の違いがある

発達障害は、脳の機能に不具合があるために起きる障害です。男女の比率はほぼ同率で変わりませんが、特性があらわれる時期やあらわれ方には違いがあります。

発達障害は、男の子に多い？

発達障害は男の子に多いイメージがありますが、そんなことはありません。発達障害のうち、ＡＳＤについては男女比率が３：１といわれているものの、全体では男女ほぼ同率です。男の子の方が多いと感じられるのは、発達障害による行動の出方が男の子の方が目立つことや、診断基準が男児の行動を基準に作成されているためでしょう。

たとえば、ＡＳＤ（アスペルガー症候群）には次の三つのタイプがあります。

1 積極奇異型

知らない人に平気で話しかけたり、なれなれしく接したりする。

2 受身型

自分から積極的に接触を図ろうとしないが、誘われればつき合うタイプ。

３ 孤立型

他人と話したり、関わったりすることに苦痛を感じ、一人でいることを好む。

一般的に、子どものときは積極奇異型が多く、思春期以降に受身型や孤立型に性格が変化していくケースが見られます。女の子の場合、行動自体が男の子のように活発ではないうえに、受身型や孤立型が多いため、周囲からは特性が見えにくく、気づいてもらえないことが少なくありません。しかし、「生きづらさ」という点においては、男女とも同じように感じています。

特性の一部分だけが目立ち〝変わった子〟と思われやすい

また、女の子の場合、特性の一部分だけが目立ち、それ以外の特性は目立たない場合があります。そのために、「変わった子」と思われて、発達障害と気づかれないこともあります。

たとえば、ＡＤＨＤの男の子は「じっとしていられない」「忘れ物が極端に多い」「授業中にほかの子にちょっかいを出す」など、わかりやすい特性が幅広くあらわれる場合が多く、ＡＤＨＤと気づかれやすいといえます。

一方、女の子は「おしゃべり」とか「時間が守れない」などＡＤＨＤの部分的な特性が目立っても、ほかの特性が目立たないために、ＡＤＨＤだと気づかれないまま成長することがあります。

しかし、思春期を迎えるころになると、同じミスや失敗を繰り返すことなど、幼いころからずっと親に注意され続けてきたため、「どうして自分はうまくできないのか」と悩んでいることも多いのです。

また、ＬＤを併存している子どもの場合、授業についていけず、大きな劣等感を抱えてしまう場合もあります。そうならないためにも、周囲が早めに気づいて適切なサポートをしてあげることが重要です。

診断を受けて対応と対策を考える

子どもの言動や行動から発達障害の可能性に気づいたら、適切なサポートが必要です。医師の診察を受けて、対応と対策を考えていきましょう。

医師の診察はいつ受けるといい？

子どもの発達について気になることがある、あるいは発達の特性に似た言動や行動が見られるときには、医師の診察を受けることを検討しましょう。気になることがあったら、相談してみることが大切です。ただし、早ければ早いほど良いというわけではありません。

発達障害は、通常、三歳くらいまでに特性による症状が出現することが多いのですが、中にはその特性に気づかれないまま思春期を迎えることもあります。とくに「言葉の遅れ」や「集団に適応できない」などの特徴がない（あるいは目立たない）場合は、その特性に気づくのも遅くなります。

発達障害は早期からのサポートが重要ですが、診断がなくてもサポートはできます。診断名にこだわらず、子どもの〝困り感〟に応じたサポートを始めることが望ましいといえます。

医師の診察はどこで受けられる？

発達障害については、一般的に小児科で相談することができますが、思春期の子どもも同様です。大学病院や総合病院では、小児科の中に「思春期外来」という特別な外来を設置している場合もあります。

ただし、思春期外来は、発達の問題だけでなく身体的な問題も扱うため、担当する医師が発達障害の専門ではない場合もあります。

精神科にも児童思春期の専門外来を設置していることがあります。こちらは児童精神科医が専門的な診察を行うことができますが、現段階で児童思春期外来を有する精神科は非常に少数です。

インターネットを利用して近隣の医療機関の情報を調べたり、精神保健福祉センターや発達障害支援センターなどに相談したりすることをおすすめします。

医師の診察はどうして必要？

発達障害の特性からくる〝生きづらさ〟を感じたまま成長することで、子どもは不安が強くなり、不安定な精神状態になる場合があります。実際、思春期にはさまざまな精神疾患が発症します。その時期に医師の診察を受けることは、発達障害の診断だけでなく、思春期にあらわれる心の問題についても相談に乗ってもらうことができます。

また、発達障害の中でもＡＤＨＤは薬物治療による効果が期待できるので、医師の診察が必要になるのです。

思春期に気になる行動や症状

- 自律神経失調症（朝起きられない、立ちくらみなど）
- 不登校、ひきこもり
- 家庭内暴力
- 不安、強迫症状
- 摂食障害

特別支援教育について

特別支援教育とは、発達障害などの特性のある子どもを対象とする教育的な支援のことです。そのしくみについて知っておきましょう。

発達障害のある子どもが対象の教育支援

障害があっても、障害のない人と一緒に学んだり、働いたりすることを目的とした「発達障害者差別解消法」という法律が二〇一六年四月から施行されました。

発達障害があっても、定型発達（発達障害ではない人や状態のこと）の子どもと同じように、小学校、中学校、高校、そして大学まで進学し、社会に出て活躍する機会は広がっています。

早い時期に発達障害に気づいてあげることは、その後の子どもの学校選びや進路を考えるうえでも、非常に重要になってきます。昨今、企業が特例子会社を設立するなど、就労にも広がりが出ています。

小学校の場合

通級

通常のクラスで授業を受けるが、支援が必要な科目は特別支援学級で行います。途中で特性に気づいた場合には、通級によって支援を受けることもできます。

特別支援学級

特別なカリキュラムによってサポートするクラスです。

特別支援学校

視覚、聴覚、知的、肢体不自由などの障害があり、通常の小学校では学習が困難な場合に通います。

通常学級

特性があっても支援を受けずに、通常の学級で学校生活を送っている子どももいます。授業について行けたり、生活に困難がない場合、特性に気づかないこともあります。

高校の場合

高校は義務教育ではないため、通級や特別支援学級はありませんが、特別支援教育は広がりつつあります。高校進学を考える場合は、親の目線ではなく子どもの特性に合わせて検討しましょう。

全日制の一般校

一般の高校では、特別支援教育は始まったばかりです。受験をする前に、進学を希望する高校に支援体制や支援の具体的な内容などを確認しましょう。

特別支援学校の高等部

小中の特別支援学校と同様に支援を受けられます。卒業後の就労を目指した授業も行っています。学校によって特色が異なるので、入学を希望する場合は事前に見学や相談をしましょう。

通信制・定時制、チャレンジスクールなど

授業や生活面で比較的柔軟な対応を受けられます。学校により不登校や学業不振、発達障害など、それぞれに強い分野を持っており、その特徴はさまざまです。入学を考えたなら事前に見学や相談をしましょう。

中学校の場合

通級

通常のクラスで授業を受けるが、支援が必要な科目は特別支援学級で行います。途中で特性に気づいた場合には、通級によって支援を受けることもできます。

特別支援学級

特別なカリキュラムによってサポートするクラスです。

特別支援学校

小学校卒業後、そのまま進みます。

通常学級

特性があっても支援を受けずに、通常の学級で学校生活を送っている子どももいます。しかし、中学校に上がると学習内容や対人関係が難しくなり、支援が必要になることがあります。

column 1

思春期とはどんな時期か

思春期とは、どんな時期でしょうか。明確な定義はありませんが、一般的には十歳から十七～十八歳の時期を指すことが多いようです。

思春期は、子どもの状態から大人の状態に移行するうえで、非常に大きな変化の起こる時期です。

それは身体的な変化（生物学的変化）、心の変化（心理的変化）、役割・立場・人間関係の変化（社会的変化）という三つの変化です。

生物学的変化とは、体に起こる変化のことです。この時期は第二次性徴が見られ、男の子は男性らしい体つきになり、声変わりをし、夢精などで精通が見られるようになります。女の子は乳房が発育して女性らしい体つきになり、月経が始まります。

身体的な変化が始まると、子どもたちはその変化に動揺しながらも、なんとかそれを受け入れようと努力し、「自分はもう子どもではない」と自覚するようになります。そして、「自己の同一性」の課題、すなわち「自分はいったい何者なのか」という問いの答えを考えるようになります。これが心理的な変化です。

そして、「もう子どもではないのだからしっかりしなければ」「自分で決めなければ」と、自分のことはなんでも自分でできる大人に変わっていくのが社会的な変化です。

こうしたさまざまな変化は、ある日を境に急に起こるわけではありません。子どもから大人へと徐々に〝変わりつつある〟時期、言い換えると子どもでも大人でもない時期こそが思春期なのです。

子どもたちは、思春期という中途半端な状態に戸惑い、悩み、揺らぎながらも、さまざまな課題を乗り越えて成長していきます。

第2章

思春期特有の悩みとは

思春期とは、心身ともに子どもから大人へと変化していく時期を意味します。一般的に、10歳前後から17～18歳くらいを指します。思春期を迎えた子どもには、思春期ならではの悩みや不安があります。発達障害のある子どもが、この時期どんなことに悩み、困っているのかを知り、理解することが適切なサポートにつながります。

悩み①

「ほかの人と違う」ことを意識し始める

思春期になると、まわりの人が気になり始めます。発達障害の特性のある子どもも、自分と他人との違いを意識するようになります。

思春期は人との違いを意識し始める時期

思春期とは、男の子なら声変わり、女の子なら初潮に代表される第二次性徴とともに、十歳ごろから始まります。そしてこの年ごろになるとだれでも、まわりの人が気になり始めます。これは「自分はいったい何者であるのか」という自己の同一性（アイデンティティ）を確立するうえで、とても重要なことです。

発達障害の特性のある子どもも、自分とほかの人との違いを認識するようになります。そして、ほかの子どもたちと「同じようにできない」ことに、違和感を覚え始める子どもは少なくありません。

思春期の子どもは劣等感を抱きやすい

思春期には、定型発達の子どもであっても、「どうして自分はこうなんだ」「なぜほかの人のようにうまくできないんだ」と自己評価が低下したり、劣等感を抱いたりしやすくなります。

特性のある子どもの場合、小さいときから小さなミスや失敗を繰り返し、そのたびに親や先生から「ダメでしょ！」「どうしてできないの？」などと注意されてきたはずです。そうした経験から、ほかの人との違い（異質性）を、「自分はダメな人間ではないか」と欠点のようにとらえてしまいがちです。

たとえ特性があっても、得意なことや長所は必ずあります。親や先生は、子どもができないことや苦手なことがあるから、ほかの人より劣っているのではなく、長所も欠点も含めて個性なのだということを教えてあげることが大切です。

得意なことを見つけてあげよう

特性のある子どもは、定型発達の子どもよりも叱られたり、欠点を指摘されたりすることが多くなりがちで、「自分はダメな人間だ」と自己否定してしまう場合があります。つまり、自己評価には周囲の大人たちの関わり方が関係しているということです。大人たちの何気ない言葉かけが、子どもたちの劣等感を強めてしまうおそれがあるのです。

子どもができないこと、苦手なことばかりに目が行き、それを指摘したり、注意したり、叱ってばかりいると、子どもは自己評価を下げていきます。むしろ得意なこと、うまくできること、好きなことに目を向けて、できていることを認め、ほめてあげることが、この時期はとくに重要です。

悩み②

友だちとコミュニケーションがとれない

ＡＳＤの特性のある子どもは、会話をしていても話がかみ合わなかったり、相手の考えを誤解したりすることがあります。

特性ゆえにコミュニケーションが苦手

発達障害の中でも、とくにＡＳＤの特性のある子どもは、言葉のやり取りだけでなく、話し相手の表情を読んだり、冗談や皮肉、比喩などを的確に理解することが苦手です。小学生のうちはなんとか学校で友だちと交流できたとしても、中学校に入ると対人関係がより複雑になり、さまざまなシーンでほころびが見られるようになります。

思春期に入って、仲間やグループでの親密な会話が増えると、この特性がきっかけとなって友だちと行き

ＡＳＤの子どもの基本的なコミュニケーション特性

- 言葉から正確に相手の意図を推察する力が弱いため、会話の内容が理解できない
- 相手の話を聞かず、自分の好きなことだけを話し続けてしまう傾向があり、会話が一方的になりがち
- 言葉を字義通りに理解してしまうため、冗談や皮肉、比喩などが通じない
- 表情や身ぶり手ぶり（ノンバーバルコミュニケーション）の意味が理解できないため、相手の表情の変化が読み取れない
- 自分だけに通じる言葉や言い回しを使うことが多く、相手から理解してもらえない

違いが発生したり、トラブルにつながったり、仲間はずれやいじめにあったりする場合があります。特性のある子どものコミュニケーションの特徴を、よく理解してサポートする必要があります。

発達障害のある子どもは、周囲の人からこんな風に見られがち

悩み③

集団行動をとるのが苦手

発達障害の特性のある子どもは、まわりに合わせたり、何かを一緒に取り組んだりすることが苦手です。

社会性の未熟さが関係している

思春期を迎えるころになると、男の子も女の子も気の合う友だちと一緒に行動する時間が増えてきます。そして中学校に入るころになると、その傾向はより顕著になります。

クラスの中にも小さなグループができ、グループ単位で行動する場面が増えていきます。そして、それぞれが独特のルールを持って行動するようになります。それにつれて人間関係は複雑になり、同時に社会的な立場や社会的な場面で期待される行動も複雑になってきます。

発達障害の特性がある場合、これらのルールが理解できなかったり、守れなかったり、あるいは自分勝手な行動をとったりすることでトラブルになるケースがあります。これらは社会性の未熟さが関係しており、本人にはそのつもりがないのですが、周囲から悪意にとらえられて、仲間外れにされたり、いじめの対象になってしまう場合があります。

複雑な社会の中では、特性のある子どもにはとくにサポートが必要であり、子どもの社会性の未熟さについて理解することが大切です。

社会性の未熟さとは

- 社会常識やルールがなかなか身につかない
- グループ意識や帰属意識がなかなか身につかない
- 人の気持ちを読み取ることが難しい
- 仲間と豊かな関係性を築きにくい
- 孤立してしまいがち

⇓

思春期にはトラブルに発展してしまいがち

長所としてとらえることもできる

社会性の未熟さも、子どもの個性です。

適切にサポートすることで、それが長所になる場合もあります。

- 決まった枠組みに関係なく自由な発想ができる
- 一人でも好きなことをやり遂げる
- 周囲に惑わされない
- 好きなことには長時間でも集中できる
- 行動力がある
- 天真爛漫に生きられる

悩み④

授業についていけなくなってくる

学年が進むとともに学習内容も難しくなります。特性のある子どもは、先生の話が理解できなかったり、授業について行けずに悩むことが多くなります。

急に成績が落ちる

小学校までは勉強についていけた子どもでも、中学に進学すると学習の難易度が上がることで、急に授業についていけなくなることがあります。発達障害の子どもの場合、それがより顕著になります。

ＡＳＤの子どもの場合、得意な科目と苦手な科目、好きなことと嫌いなことがはっきりしている傾向があります。また、人の話を聞くことが苦手で、先生の話していることが理解できない場合があります。

ＡＤＨＤの子どもは、不注意、多動性、衝動性という特性から、授業中にじっとしていられず席を離れてしまったり、先生の説明に集中できなかったり、落ち着いて一つの課題に取り組むことができなかったりして、授業についていけなくなることがあります。

ＬＤは、特定の学習に必要な能力が極端に苦手なことから、学習全般への理解度が低下していく場合があります。

成績が落ちても叱らない

親からすれば、「中学生になったのだから」と子どもに成長を求めてしまうところがあります。しかし、中学校に入学したとたんに、いきなり中学生のようにふるまうことはできません。少しずつ環境に慣れ、中学生の自覚を身につけていきます。

学習も同様です。成績が突然落ちたからといって叱ってばかりいては、子どもに劣等感を抱かせ、学習への意欲を低下させてしまうことにもなりかねません。

授業についていけなくなる理由

ASDの場合

- 暗記することは得意だが、想像力が乏しく、主人公の気持ちになるといった読解力が低い
- 相手の話が理解できない
- 複雑な動きが苦手のため、各種スポーツについていけない
- スポーツのルールが覚えられない

ADHDの場合

- 気が散りやすく、物事に集中できない
- 忘れ物やなくし物が多い
- 同じミスを何度も繰り返す
- 衝動が抑えられず、授業中に席を離れたり、ほかの生徒に話しかけたりする
- 授業内容に興味が持てず、別のことをしていたり、教室を出て行ってしまったりする

LDの場合

（とくに読字障害の特徴）

- 文章をどこで区切って読めばいいかわからない
- 単語を言葉としてとらえることができず、一字一字なぞるように読む
- 「ぬ」と「ね」など形の似ている字を読み違える
- 文字や行を飛ばして読む
- 「食べる」を「しょくべる」と読むなど、音読みと訓読みを混同する
- 拗音（「きゃ」「きゅ」「きょ」など）、促音（小さな「っ」など）が発音できない

▶自分ではどうすることもできない
▶努力では克服できない
▶周囲から必要以上に叱責されてしまう

大きな劣等感を感じてしまう

悩み⑤

感情をコントロールするのが難しい

突然予想外のことが起きたり、自分の思い通りにいかなかったりすると、自分をコントロールすることができず、人前でも大声を出したり、感情を爆発させることがあります。

かんしゃく（パニック）を起こしやすい

思春期になってからかんしゃくを起こすような行動は、幼児期のかんしゃくとは異なり、それだけでも周囲からは奇異な行動に見えます。ふだんはおとなしいのに、突然大声を出したり、暴言を吐いたり、あばれるといった行動は、自分の感情を上手にコントロールできていない状態をあらわしています。

ＡＳＤの子どもは、予想外のことが起きたり、自分の思い通りにことが運ばないと、非常に強い不安を感じます。その不安な感情をうまく処理し、抑えることができずに、パニックと呼ばれる状態に陥ることがあります。

感情を「見える化」してみる

感情のコントロールは、簡単に身につくものではありません。たくさんの不安や葛藤を経験しながら、試行錯誤する中で、その都度よりよいコントロール方法を見つけていく作業が必要になります。

特性のある子どもの場合は、その特性を利用したコントロール方法を考えることができます。

たとえば、ＡＳＤの子どもは、目に見えること（視覚的な情報）は理解しやすいので、不安や怒りなど自分の感情に点数をつけ、それをグラフや表にして「見える化」すると、コントロールしやすくなることがあります。いろいろなやり方を試してみましょう。

感情の「見える化」で相手の理解を促す

目に見えない“感情”を目に見えるようにして、相手に理解してもらう方法もあります。たとえば、がまんできないくらい怒っているときは100点、教室から逃げ出したくなったときは80点、なんとかがまんできるなら50点、大丈夫だなと思ったら30点という具合に、点数で気持ちをあらわすようにしてみます。子どもに「今の気分は何点くらい？」と確認することで、お互いに理解しやすくなります。

■ 感情のコントロールができないASDの場合

- ●変化に対応できない
- ●融通性がない
- ●人の気持ちが読み取れない
- ●大きな声や音が苦手
- ●否定的な言動に拒否反応を示す
- ●次の予定がわからないと不安になる
- ●集団行動にストレスを感じる

■ 感情のコントロールができないADHDの場合

- ●抑制がきかない
- ●やるべきことよりやりたいことを優先してしまう
- ●集中力がない
- ●まわりの状況を把握できない
- ●ルールや常識を理解しにくい
- ●ストレスを感じやすい

悩み⑥

同性と異性との対応の違いがわからない

思春期になると、通常、同世代の異性が気になり始めます。発達障害の特性のある子どもも同様ですが、異性との距離感や接し方がわからない場合があります。

異性との距離感がうまくつかめない

思春期を迎えるころになると、子どもたちは異性のことを意識するようになります。異性とどう接したらいいのか、どう距離を保ったらいいのかは、特性の有無にかかわらず、だれにとっても難しいことです。ただ、特性のある子どもにとっては、それがさらに困難であるといえます。

まず、特性のある子どもの場合、友だちとの接し方と異性との接し方の区別を適切に理解することが難しい場合が少なくありません。そのため、男女を意識することなく、幼いころと同じ感覚で手をつないだり、抱きついたりしてしまうことがあります。本人からすれば深い意味はなくても、抱きつかれた相手から敬遠されたり、逆に相手から「気があるのかも」と誤解されてしまったり、周囲から冷やかされたりする可能性があります。

また、ＡＳＤの特性のある子どもは、相手の表情や態度から相手の気持ちを読み取ることが苦手なので、相手の恋愛感情に気がつかなかったり、相手の気持ちを誤解してしまったりすることがあります。たとえば、「あなたのことは（友だちとして）好き」というような話を的確に理解することができません。

その反面、目に見えることや言葉に対しては、その通りに信じてしまうところがあるため、異性からふざけて「好き」や「つき合ってほしい」と言われた言葉を、真に受けてしまう場合があります。

誤解を与えてしまう「問題行動」

同性と同じように
異性と接してしまう

異性に極端に近づいたり、
体に触ったりする行動が、
思春期以降には許されない
ことが理解できない

友だちとしての
好きと
異性として好きの
区別がつかない

同性に対する行動と
異性に対する行動の
区別がつかない

相手の恋愛感情に
気づかない

勝手に「相手は
自分のことが好き」
だと勘違いする

問題行動に対する対応策

同性と異性との接し方の違いといった、目に見えない微妙なニュアンスを理解してもらうには、恋愛ドラマや恋愛映画などがいい教科書になります。テレビやDVDを家族と一緒に見ながら、異性との接し方、親しくなりたい異性に対する話し方、好意の示し方などを、視覚を通して解説してあげましょう。男の子の気持ちはお父さんが教え、女の子の気持ちはお母さんが伝える、といった役割分担をすると理解しやすくなります。

悩み⑦

なんとなく不安、理由もなくイライラ

どんな子どもでも、思春期には漠然とした不安を感じるようになります。特性のある子どもは、そうした不安感が強まる可能性があります。

自分の気持ちをうまく表現できない

思春期を迎えるころには、だれでも友だちのこと、異性のこと、勉強のこと、将来のことなどで不安な気持ちを抱くようになります。多くの不安は、思春期に起こる心身の変化、つまり「自己の同一性」の確立にまつわる不安です。

発達障害の特性のある子どもの場合は、その不安がより強いことが考えられます。たとえば、ＡＳＤの子どもの場合は、感覚の過敏性や相手の気持ちを読み取ることの困難さから、ＡＤＨＤの場合は、不注意や多動性、衝動性といった自分をうまくコントロールできない行動から、ＬＤの場合は学習のつまずきから、それぞれが抱える不安を増強させてしまうことがあり得ます。

不安をまったくなくすことは不可能です。不安に対処することは、不安を「自分の中にあるもの、あって当たり前のもの」として抱えながら生活すること、不安に押しつぶされるのではなく、不安とうまく付き合っていくことをゴールにすることがポイントです。

不安を打ち消そうとするのではなく、不安な気持ちをうまく表現する、だれかに聞いてもらったり、日記をつけたりすることが現実的な対応ですが、これは特性の有無にかかわらず、だれにも共通した方法です。

特性のある子どもは、これらの表現やコミュニケーションが苦手なので、不安を抱えていること、不安とうまく付き合っていくことも難しいといえるでしょう。周囲の人にできることは、不安があることに気づくこと、不安を表現しようとしていること、小さな行動・言動を見つけることです。良い聞き役になることが求められます。

イライラしている自分に気づく

思春期の子どもは、とくに理由も

●特性のある子どもが不安を感じる理由●

ASDの場合

- ●会話がかみ合わない
- ●友だちができにくい
- ●光や音、においなどが気になる

など

LDの場合

- ●努力しているつもりなのについていけない授業がある

など

ADHDの場合

- ●忘れ物が多い
- ●じっとしていられない
- ●一つのことに集中できない

など

なくイライラしたり、怒りを向ける対象もないのに怒りの感情を抱いたりします。自分自身を客観的に見ることができれば、イライラしている自分に気づいて、「どうしてこんなにイライラするのだろう?」とその理由を探し、気持ちに整理をつけようとします。

しかし、発達障害のある子どもは、客観的な視点を持つことが難しいため、イライラしている自分に気がつかないことも少なくありません。

周囲の人ができるサポートとしては、「最近、イライラしているように見えるよ」というように、子どもの気持ちを代わりに言葉にする（言語化）ことで、自分の気持ちに気づくきっかけをつくってあげることです。

「自分を知る」ということは、思春期の子どもが解決しなければならない「自己の同一性」の課題解決の重要なヒントになります。

悩み⑧

なんとなく体調がすぐれない

特性のある女の子の中には、思春期を迎えるころから体調不良を訴えて、朝起きられなかったり、学校に行きたがらなかったりすることがあります。

自分の身に起こった変化をうまく受け止められない

発達障害のあらわれ方には男女差があることを前章で述べました。女の子は男の子と比べて、発達障害による行動の出方が目立たないことや、相手に合わせて行動する受身型が多いことから、特性があらわれにくく、周囲から気づかれないまま成長することが少なくありません。

　ところが、思春期を迎えるころになると変化が起こってきます。第二次性徴により性ホルモンの分泌が高まり、初潮を迎えますが、まだ性周期が不安定なため、生理前になると、

イライラ、腹痛や頭痛、眠気、肌荒れといった月経前症候群が生じる場合があります。また、女性的な体に変化するため皮下脂肪が増え、疲れやすくなったりもします。

しかし、特性のある女の子は、自分の身に起こるさまざまな変化を上手に受けとめることができません。また、こうした変化を周囲の人にうまく伝えることができず、理解もしてもらえないため、ますます心身が不安定になっていくおそれがあります。

ひんぱんに体調不良を訴えるように

とくにＡＳＤの女の子に見られやすいのは、寝起きが急に悪くなる、頭痛、めまい、食欲不振、胃腸の不調といった身体的な症状です。疲れやすくもなり、ときには歩くことさえできなくなって、床に倒れこむように寝てしまうこともあります。

また、気分のアップダウンが激しくなる場合があり、天気が悪かったりすると、急にふさいでしまうようなこともあります。

こうした状態が続いて、やがて朝布団から出られなくなったり、学校に行くことがおっくうになったりして、不登校や引きこもりになってしまうケースもあります。

本来であれば、適度に休養したり、気を抜いたり、気分転換を試みることで回復を図りますが、特性のある女の子は、〝ほどほど〟にやることができません。そこで周囲の人、とくに同性であるお母さんが、女の子特有の大変さを理解したうえで、生活のリズムを整えたり、話にじっくり聞いてあげたり、体の成長について教えてあげるなど、心身の両面からサポートしてあげることが大切です。

発達障害（とくにASD）の女の子に起こりやすい心身の不調

- 寝起きが悪くなる
- 夜、寝つきが悪くなる
- 疲れやすい
- 頭痛、めまい、胃腸の不調
- 気分の浮き沈みが激しい

column 2

発達障害のある子どもの思春期

思春期は大きな変化の時期です。しかも、その変化は劇的に起こるため、この時期の子どもたちはみな、強い不安におそわれます。

一般的に、発達障害のある子どもは〝変化〟に敏感です。そのため、思春期に起こる心身の変化は、発達障害のある子どもを非常に強い不安にさらします。

子どもを不安にさせる要因の一つに「自己の同一性」、つまり「自分はいったい何者なのか」という問いの答えを見つける課題があげられます。この課題を解決するには、他者の視点で「自分は他人からどう見られているのか」「どう評価されているのか」を考え、うれしくなったり落ち込んだりという経験を積んでいくことが不可欠です。

しかし、特性のある子どもは、そもそも他人の気持ちを読み取ったり、想像したりすることが苦手なので、他者の視点を獲得するのは容易ではありません。「自分が他人からどう見られているのか」がわからず、混乱して、不安が強くなる場合があります。

また、相手の行動や言動を真に受けて、うつ状態に陥ることもあります。「自分はいったい何者なのか」ではなく、「発達障害のある自分とはいったい何者なのか」という問いの答えを探し、さらには「発達障害のある自分」を受け入れていくプロセスこそが、発達障害のある子どもの思春期といえるのです。

この時期、発達障害のある子どもは、定型発達の子どもと同じ困難な課題に取り組みますが、その解決には特性ゆえの困難があるということを、周囲の人は理解しましょう。

第3章

友人関係や恋愛の悩み

思春期には友だちとの付き合いが生活の中でも大きなウエートを占めるようになります。また、異性のことを意識するようにもなります。しかし、発達障害のある子どもは、特性ゆえに友だち付き合いがうまくいかなかったり、異性から避けられてしまう場合があり、悩んだり劣等感を抱いたりする可能性があります。

悩み①

適切な友人関係を築くのが難しい

思春期になると、気の合う特定の友だちと仲良くなったり、グループをつくったりするようになります。しかし、特性のために、なかなか友人関係を築けない場合があります。

友だちのつくり方がわからない

友だちはたくさんいた方がいい、友だちとは仲良くすべき。こうした考え方は、まるで〝世間の常識〟であるかのように、長年家庭でも学校でも流通してきたものです。友だちがいることはいいこと、友だちがいないことは悪いことであるかのようにとらえる向きもあります。

しかし、発達障害の特性のある子どもの中には、人と一緒にいるよりも一人でいた方が落ち着いて過ごせる場合があります。人と関わったり話したりすることが苦手で、ストレスに感じていることもあります。とくに思春期は、会話の内容についていけないと、友だち付き合いそのものに負担を感じてしまうことがよくあります。

とはいえ、特性のある子どもはみな、友だちはいらないと思っているかといえば、そうではありません。むしろ友だちがほしいけれど、どうしたら友だちになれるのかがわからないケースも少なくありません。これはＡＳＤの特性である「社会性」

や「コミュニケーション」の未熟さからくるものです。

友だちができないことを、「自分が悪いから」と考えたり、だれかと仲良くなるには特別な方法があるのかも、などと考えたりしてしまうこともあります。また、自分に友だちができないのは、だれかがじゃまをしているからなどと被害的にとらえてしまうこともあります。

友だちは無理につくらなくてもいい

友だちがなかなかできないことを悩んでいる子どもに向かって、「新しい友だちはできた？」「中学生になったんだから友だちは必要」などと、親や先生が不用意に声かけをすると、それが大きなプレッシャーになってしまうことがあります。

友だちがなかなかできなくても、友人関係を築くのが難しくても、それが子どもの個性だととらえることが大切です。「一人が好きなら、無理に友だちをつくらなくてもいい」「ゆっくり見つければいい」と伝えてあげましょう。

友人関係を築くための支援のポイント

- 個性なので無理に友だちをつくらなくてもいい
- 自分を理解してくれる友だちが一人いればいい
- 友だちになってほしいからと、一方的に言いなりにならない
- 友だちを独占しようとしない
- 友人関係に関しては必要以上に干渉しない

特性のある子どもに見られる友人関係

また、発達障害のある子どもは、特性ゆえに自己中心的になったり、逆に従順的になってなんでも人の言いなりになってしまうケースがよくあります。

適切な友人関係を築くには、スキルが必要です。スキルを身につけるためには、子どもの話をよく聞き、どうすれば友だちがつくれるのかを一緒に考えたり、アドバイスしてあげることが大切です。

悩み②

相手を傷つけることをつい言ってしまう

悪気はないものの、思ったことをすぐ言葉にしたり、相手のミスを執拗に責めたりしてしまうことがあります。そのため周囲から浮いたり、嫌われてしまうことがあります。

見たまま、感じたままを口にする

思春期は、自分の容姿やファッションなどの〝見た目〟を気にし始めるデリケートな時期です。だれでも見た目で気にしていることを、面と向かって指摘されたら、いやな気分になるでしょう。

ところが、ＡＳＤの子どもの場合、特性のために相手の気持ちを推し量ることが苦手なため、感じたままを口にしてしまうことがよくあります。たとえば、「太っているね」「その髪型はおかしい」「その服、似合っていない」といった具合です。当然、相手はいやな気分になり、怒ったり、ケンカになったり、仲間外れにされてしまうこともあります。

本人に悪気はなく、むしろ正直に言っただけなので、なぜ相手が怒っているのか理解できないことも少なくありません。友だち同士の中にも、マナーや友だちの感情があることを伝えておくのも大切なことです。

このような場合、「相手の容姿については言葉にしない」ことをルールとして教えていくことが有効です。言っていいことと悪いことをルール化しながら、なぜ相手が怒っているのかを説明し、コミュニケーションのとり方を理解させていくといいでしょう。

特性のある子どもが気にしない行為

- マナー
- 会話の流れ
- 場の雰囲気（空気）
- 人の感情（気持ち）
- 自分の服装（相手からどう見られているか）

融通性に乏しく相手のミスを責め立てる

ASDの子どもは、考え方に融通性がなく、規則やルールを厳格に当てはめてしまいがちです。たとえば、約束の時間に少し遅れただけでも、厳しい口調で怒ったり、相手を問い詰めたりしてしまいます。「まぁいいか」と大目に見る発想に乏しいのです。

「多少の誤差」や「暗黙の了解」を認めることは、対人関係をスムーズにする要素ですが、ＡＳＤの子どもの場合、目に見えないことを想像することが苦手なので、それらを理解するのが難しいといえます。悪いのはあくまでも時間を守らなかった相手であり、自分は正しいのだから、注意をするのは当然と思っているのです。

　このような言動は、物事を客観的に見ることができないこと、つまり人の立場に立って考えることが困難であるという、発達障害の特性によるものです。ミスをしつこく指摘したり、責め立てたりするのではなく、この場合はどう対応すればいいのかを具体的に教えていくことが必要です。

特性のある子どもが許せないと思う行為

- 校則や交通規則を破る
- 予定やスケジュールを変更する
- 例外
- 約束を破る／約束を変更する
- 時間を守らない
- 順番を変えたり、間違えたりする
- ものの置き場所を変える

悩み③

ガールズトークについていけない

思春期を迎えるころになると、女の子は同性のグループをつくり、いわゆる〝ガールズトーク〟を楽しみます。しかし、特性のためにそれについていけない場合があります。

ASDの女の子にとって ガールズトークは鬼門

思春期を迎えるころになると、男の子も女の子も気の合う友だちと一緒に行動する時間が増えてきます。クラスの中にも小さなグループができ、グループ単位で行動する場面が増えていきます。そして、それぞれが独特のルールを持って行動するようになります。

女の子のグループで特徴的なのは、いわゆる〝ガールズトーク〟をさかんに展開することです。ガールズトークとは、女の子同士の間で交わされる会話のことで、恋愛や異性、ファッション、好きな芸能人、だれかのうわさ話や陰口など、そのグループ内だけに流通する内容であることが多いものです。また、話題が次々と移り変わっていくことも特徴で、男の子やグループ外の女の子がいるようなときにはけっして口にしない本音が飛び出したりします。つまり、〝ここだけの話〟をすることで、グループ内の結束を強めているわけです。

ASDの女の子の場合、そもそも人付き合いが得意ではないうえに、その場の空気を読むことも苦手です。そのため、興味のわかない話題に加わるのは、かなりハードルの高いことです。また、ポンポンと繰り出される会話についていくのも至難の業で、テンポやノリを壊したり、場違いなことを言ってその場の空気を凍らせてしまい、「つまらない子」「話の通じない子」と思われて仲間外れにされたり、いじめにあってしまうこともあります。

ADHDの女の子も ガールズトークに なじめない

ADHDの女の子にとっても、ガールズトークは苦手といえます。ADHDの特性ゆえに、まわりに配慮することが難しいことから、的外れな返答をしたり、ほかの子が話しているのをさえぎって自分の話したいことを一方的に話し始めたりすることがあります。

また、衝動性の特性から秘密を守ることも苦手なので、「ここだけのナイショ話」をほかのだれかに話してしまうこともあります。それが原因でトラブルが発生したり、グループ内での信用を失って、仲間外れにされたりする場合がありますが、本人は何が悪かったのかわからないことも少なくありません。

ガールズトークが苦手な理由

■ ASDの女の子の場合

- こだわりが強い
- 自分の興味があること以外に関心がない
- 話の全体像より細部にこだわってしまう
- 基本的にマイペースで、人の言動に興味がない
- 社交のマナーがわからない
- 恋愛や秘密事など、グループ内の暗黙の了解が理解できない
- グループへの帰属意識が乏しく、自分のことを優先しがち

■ ADHDの女の子の場合

- 気配りができない
- 人の話に割り込んで話す
- しゃべり始めると止まらないことがある
- 会話の内容が変わっても気づかず、的外れなことを言ってしまう
- 約束が守れない
- 女の子同士の秘密をほかで話してしまう
- 約束をしても自分のことを優先してしまう

悩み④

ボーイズトークになじめない

ガールズトークほどではありませんが、男の子にも特有のコミュニケーションがあります。その傾向を押さえておきましょう。

男の子は基本的に共感力が低い

　思春期を迎えるころになると、気の合う友だちと一緒に行動する時間が増えてくることは、前ページでも触れました。女の子のグループでさかんに展開されるようになる〝ガールズトーク〟ほど明確ではありませんが、男の子のする会話（＝「ボーイズトーク」）にもいくつか傾向が見られます。

　まず、そこにいる一人ひとりが、自分の話したいことを思い思いに話すということです。たとえば、サッカー好きの男の子が集まっているグループがあるとしましょう。その中では、「先週、Jリーグの試合を見に行った」「ブラジル代表のユニフォームのレプリカを買ってもらった」「新しいシューズがほしい」といった感じの話が次々に飛び出したりします。一見、サッカーという共通テーマで会話しているように見えますが、それぞれが言いっぱなしでキャッチボールになっていません。

　こうしたコミュニケーションになりやすい原因の一つに、〝共感力の低さ〟があげられます。発達障害の有無や年齢にかかわらず、基本的に男子の会話は共感を求めていないことが少なくありません。そのため、自分が話したいことを一方的に話していればよく、ほかの人が相づちを打ってくれなくても意に介しません。そこにいるだれもがサッカーに興味があるのに、「じゃあ一緒にサッカー観戦に行こうよ」というような発想にならない場合がよくあります。

　また、同じことに興味がある者同士が友だちになったり、グループをつくったりするのは女の子と同じですが、男の子の場合、その相手に興味があるとは限りません。好きなことについてはたくさん話をしていても、相手のことを実はよく知らないというケースもあります。もちろん個人差はありますが、〝人〟よりも〝ことや物〟に関心が向かいやすいところが男の子に見られる特徴といえます。

子どもに〝話を聞く〟ことを教えてあげよう

発達障害のある子どもの場合、興味のあることとそうでないことの差がはっきりしている傾向にあります。そのため、自分と同じことに興味のある者が集まる中でのボーイズトークは、さほど居心地の悪い思いはしないと考えられます。しかし、興味のないことで展開されるボーイズトークにはなじめません。

このような場合は、まずは話の合わない子どもたちの輪に、無理に入る必要はないことを伝えましょう。

そのうえで、ボーイズトークになじめるようになるためのスキルとして、〝話を聞く〟ことを教えてあげましょう。かりに、その場の話にあまり興味がなくても、聞き役になることはできます。そしてたまには「へぇ、そうなんだ」「それってどこで売っているの？」などと相づちを打ったり、質問したりするのがポイントです。だれかが自分の話に反応してくれることは、話し手にとってはうれしいことですし、場も盛り上がります。

また次の一歩として、自分が興味を持っていることについて相手に知ってもらうことも大切です。男の子の場合、定型発達の子どもでも、言葉にしないと相手には伝わらないし、理解もしてもらえないことが多いので、しっかりと言葉で伝える練習をしておくといいでしょう。

ボーイズトークに見られる特徴

- 共感力が低い
- 人は人、自分は自分
- 自分の興味のあることだけを話していたい
- 人がどう思っているかをあまり気にしない
- “人”ではなく“ことや物”に興味が向かいがち
- 共通の趣味でつながっていても、相手の人となりにはあまり興味を持っていない
- 人のうわさ話などにはあまり興味がない
- 自分のこと、自分の家族のことを自分からは話さない。また、相手のことや相手の家族のことなども聞かない

悩み⑤

言葉通りに受け取ってしまう

人の気持ちを想像する力が弱いため、相手の腹の内を見抜くことができず、言葉をそのまま信じて行動してしまう場合があります。

言葉をそのまま信じてしまう

ＡＳＤの特性のある子どもは、相手の真意や悪意を見抜く力が弱く、相手の言葉をそのまま信じて行動し、だれかにだまされてしまうことがあります。

　たとえば、クラスメートから「先生がお前のことをバカだと言っていたぞ。何か言い返してやれよ」などと言われたとします。これがクラスメートの悪意あるつくり話で、そんな事実はなくても、ＡＳＤの子どもはその言葉を真に受けて、先生のところに文句を言いに行ってしまう場合があります。

また、「おなかが痛いから掃除当番を代わってくれ」と頼まれて、こころよく引き受けたら、実はそれは仮病で、掃除当番をまんまと押し付けられてしまうというケースも考えられます。

つまり、相手の言った言葉を疑うという発想がなく、字義通りに受け取ってしまうため、からかわれたり、うそをつかれたり、面倒を押しつけられてしまうおそれがあるのです。

悪事に利用されてしまう場合も

これが厄介事に巻き込まれる要因になることもあります。

たとえば、友だちができないことを悩んでいることにつけ込まれ、「○○のスカートをめくってきたらグループに入れてあげる」などと言われ、その通りに行動してしまうことがあります。からかわれていることに気づかずに、グループに入りたい一心から行動に移したわけです。

善意と悪意の区別がつかず、「友だちだったらその時計をくれよ」と言われ、トラブルに巻き込まれてしまうこともあります。だまされたことに気づかず、あくまで友だちのためと思っているのです。

また、それを「先生や親にはナイショだよ」と口止めされ、言われた言葉をそのまま守ったことで、被害にあったことをだれにも相談できずに苦しんでしまうこともあります。

子どもが自ら訴えなくても、様子がおかしいと感じたら、周囲の人が子どもの交友関係にも気を配ることが大切です。

悩み⑥

〝恋愛感情〟がよくわからない

思春期になると、だれでも異性のことが気になり始めます。特性のある子どもも〝恋愛感情〟を抱きますが、思わぬトラブルを招くこともあります。

相手の気持ちを読み取ることが苦手

思春期を迎えると、友人関係と恋愛関係が異なるものであることに気づき始めます。

ところが、とくにＡＳＤの子どもにとっては、目で見ることのできないこの違いを理解するのは難しいといえます。相手の恋愛感情に気づかなかったり、相手の気持ちを誤解してしまったりすることがあります。

たとえば、「あなたのことは（友だちとして）好き」という告白を適切に理解することは難しいですし、バレンタインデーの「義理チョコ」を「自分のことが好き」だととらえてしまう可能性もあります。

定型発達の子どもにも、相手の気持ちに鈍感な子もいますし、同じようなことが起こりえますが、特性があると、それらが極端な行動となってあらわれる場合があります。

誤解したり誤解されたり

また、こだわりが強いという特性のある子どもの場合、いい匂いのする女の子のあとをつけて匂いをかごうとしたり、洋服の模様が気になって触ろうとしたりするような行動をとる場合があります。本人に悪気はありませんが、これらの行動が異性に対して行われると、相手に気持ち悪がられたり、トラブルに発展するおそれがあります。

表情や態度から相手の気持ちを読み取ることや、異性との距離の保ち方は、特性の有無にかかわらず難しいものですが、特性のある子どもにとってはそれがさらに困難になります。

思春期には避けて通ることのできない問題でもあり、適切な対応とサポートが必要です。異性と接するときの基本的なルールを教え、してもよいこととしてはいけないことを、明確に示すことがサポートの基本となります。

恋愛における問題行動やトラブル

相手の気持ちを考えず、自分の気持ちを一方的に伝える

場所や状況におかまいなく「好き」と言ったり、愛情表現をする

相手からふざけて「好き」と言われたことを真に受けてしまう

親切と愛情の区別がつかない

好きな異性の持ち物に勝手にさわったり、持ち帰ってしまう

相手のことをジロジロ見たり、後をついて回ったりする

場所をわきまえずに卑猥な話をする

人前や異性の前でも、性に関することを大声で話したりする

恋愛とはどういうものなのか、映画や恋愛ドラマなどを見ながら視覚的に教えてみましょう。また、問題行動に対しては「いけないこと」だと、ルールやマナーとして覚えるようにアドバイスしましょう。

悩み⑦

羞恥心が理解できない

羞恥心は、高度に社会的な場面で発生する感情ですが、発達障害のある子どもには「恥ずかしさ」が理解できない場合があります。

「恥ずかしい」とは何かがわからない

思春期を迎えるころになると、だれでも周囲や異性の目を意識し、羞恥心が芽生えてきます。

この「恥ずかしい」という感情を体験するには、自分のとっている言動や行動、自分の容姿、置かれている状況など、さまざまな情報を客観的に把握し、評価する能力が必要になります。つまり、自分を他人の視点から見ること（＝「メタ認知」）が求められるのです。

また、こんなことをしたら相手がどう感じるか、といったことを想像することも必要になってきます。

しかし、発達障害の特性のある子どもの場合、「恥ずかしい」ということがどういう意味なのか、どのような状態を指すのか、具体的に理解できるようになるのが通常より遅れる場合があります。

身だしなみから性的な行動までを含め、その時、その場所でどのような行動をすればいいのか、なかなか理解できずにトラブルを招く場合もあります。そこで、親や周囲が協力して、年齢相応に適切な行動がとれるように、しっかりサポートしてい

く必要があります。

羞恥心がないことでトラブルになることも

発達障害のある子どもが引き起こす性的なトラブルの中には、羞恥心が十分に育っていないために発生するものもあります。

たとえば、人前でも平気で裸になる、股間にさわる、下着が見えていても気にしない、スカートをはいていても人前で足を開いて座る……などです。自分では意識していない行動によって、異性からも同性からも敬遠されたり、誤解した異性から性的な被害にあってしまうおそれもあります。

恥ずかしいとは何か、を説明することはもちろん必要ですが、社会的ルールとして、このような行動はしてはいけないということを明確に教えていく必要があります。

ただ恥ずかしいことを伝えるのではなく、具体的にどう行動すればよいのかを示すことが周囲に求められます。

羞恥心の欠如による行動

- 人前で裸になったり、着替えたりする
- 人前で股間や性器にさわる
- どこでも自慰行為をしてしまう
- 女の子の顔や胸、足などをじっと見る
- スカートをはいていても人前で足を開いて座る
- 異性の体にさわる
- 異性の持ち物に強い興味を示し、さわったり持ち帰ったりしてしまう

「なぜ、そうしてはいけないのか」ではなく、ルールとして「人前ではしない」「いけないこと」だと教えることが大事

悩み⑧

性に関して不用意な行動をとってしまう

思春期には、異性に対する意識が高まると同時に、性欲を感じるようにもなります。特性のために抑制が効かず、トラブルを招いてしまう場合があります。

特性のために ブレーキがききにくい

思春期は、性への興味と関心が高まってくると同時に、羞恥心も芽生えてくる時期です。発達障害のある子どもの場合、この羞恥心の発達が遅い傾向にあり、それによって「自分の行動が異性にどんな影響を与えるかを考慮しない」「人目を気にせず好きな異性に告白する」「性的にわきまえない行動をする」などの可能性があります。

かりに、羞恥心が発達していても、ＡＳＤの子どもの場合、経験していないことはできないという特性から、思春期になって初めて遭遇する性の問題にうまく対応できないおそれがあります。

また、ＡＤＨＤの子どもの場合、衝動性の特性から、性的な衝動に駆られやすい傾向があります。また、

重要なことを後回しにすることが多く、あまり深く考えずに性的な行動をとってしまうこともあります。

恋愛感情や性的な感情を頭ごなしに否定しないこと

とはいえ、性的な欲求は食欲や睡眠欲と同じように、人間にとって正常な欲求です。それを「性的な問題行動」とひとくくりにしてしまうことは適切とはいえません。性的な欲求は思春期には発露してくるものと理解したうえで、対応していくことが大切です。好意の結果を性交渉と考える場合もありますが、恋愛感情を持ったがために性的欲求が起こることを理解する必要があります。

つまり、恋愛感情や性的な欲求について、家庭の中でオープンに話せる環境をつくっておくことが望ましいといえます。性に関する問題をただ頭ごなしに否定するのではなく、「こういう気持ちを持つことは自然なこと」であることを伝えたうえで、どのような形であらわすかを学んでいきましょう。

いきなりそういう体制をとるのが難しい場合、まずは恋愛マンガやドラマ、映画などをテキスト代わりにするといいでしょう。恋愛感情とはどういうものか、性的な衝動が起きたときはどういう行動をとればいいのかなど、目で見ながら学び、親が言葉で補足をするといいでしょう。

性に関する微妙な問題は、避けたり恥ずかしがらずに子どもとしっかり向き合い、一つずつ対応していくことが、思春期を乗り越える大きな力になります。

column 3

思春期は金銭に関するトラブルにもご用心

思春期、とくに中学校に進むと、交友範囲も行動範囲もそれまでとは比較にならないくらい広がります。子どもが大きく成長する時期ですが、そのぶんトラブルに巻き込まれやすくなるともいえます。その一つが金銭に関するトラブルです。

たとえば、友だちから「財布を落としてしまったのでお金を貸してほしい」と頼まれれば、何の疑いもなくお金を貸してしまいます。さらに、「このことはだれにも言わないでほしい」と言われれば、親にも話しません。

相手からすれば、「頼めば貸してくれる」とばかりに、たびたび要求してくるようになる可能性があります。場合によっては、親の財布からお金を抜き取ったり、クラスメートの財布を盗んだりと、トラブルに発展してしまうおそれもあります。

この時期の子どもは、ややもすると、親や先生の言葉よりも友だちの言葉を信じ、優先する場合があります。それだけ〝友だち〟という存在が大きなウエートを占めるのです。それは、発達障害のある子どもも同様です。

しかし、特性のある子どもは、相手の真意や悪意、言葉の裏にある本音などを見抜く力が弱いので、そこにつけ込まれて〝金づる〟のように扱われたり、万引きなどの犯罪行為に加担させられたりするリスクがあるため、日ごろからしっかりサポートしましょう。

子どもには、友だちでもお金の貸し借りはしないこと、お金を要求されたら親や教師に言うこと、知らない人の言うことは信用しないことなど、「金銭のルール」として教えましょう。

この時期は、金銭に限らず、子どもと話しやすい関係を構築しておくことも重要です。

第4章

家庭や学校で必要な思春期のサポート

発達障害の有無にかかわらず、思春期の子どもたちを支えていくことは、家庭と学校の役割です。思春期に共通する特徴を知ること、さらには発達障害の特性にともなう特有の困難さ、言い換えれば「生きづらさ」を理解することが、思春期の子どもをサポートするうえで重要となります。

思春期に劣等感が大きくなる理由とは

思春期になると、周囲の人は子どもに対して「大人としての行動」を期待します。しかし、期待される行動と実際の行動には大きなギャップがあるのがこの時期です。

中学生になったからといって急には成長しない

中学生になると、子どもたちは小学校時代とはまったく異なる扱いを受けることになります。「まだ子どもだから……」と大目に見てもらっていたことや子どもとして当然認められていた権利が小さくなり、「大人として」やらなければならない義務が増えていきます。それにともない、「もう中学生でしょ」「いつまで小学生気分でいるの」などという言葉を投げかけられる場面も多くなります。

周囲の大人から見れば、いつまでもできないことに対する焦りや、早く大人としての自覚を持ってほしいという希望から、このような言葉かけをしてしまいがちです。そしてできないことは、つい叱ってしまいます。

しかし、三月まで子どもだったのに、四月の入学式の瞬間から大人になるということはあり得ません。発達は少しずつ進んでいくものです。それをしっかりと踏まえて、子どもと接し、言葉かけをすることが大切です。

中学生になったことで叱られる場面が増えたり、注意されてばかりという体験が積み重なると、子どもは「自分はダメな人間なのかも」とい

う劣等感を抱くことにつながりかねません。

家庭と学校との連携が必要

家庭でも学校でも、こうした思春期特有の感じ方や考え方を理解したうえで、対応を考えることが必要です。つい子どもの様子や態度にイライラして、感情的な言葉を不用意に投げかけるのは避けましょう。

必要以上の叱責は、心理的な虐待ともいえます。できないことを責めるのではなく、できていることを認める、上手になったことをほめることが基本的な対応です。

できないことについては、「どこを手伝えばできるようになるのか」を考えていくことがポイントです。できないのは努力が足りないのではなく、サポートが適切ではないからだと、考え方を切り替えてみましょう。

子どもは学校だけ、家庭だけにいるわけではありません。居場所が変わっても、思春期の子どもは思春期の子どものままです。家庭と学校の連携が重要です。家庭で対応できることとできないこと、学校の役割、それぞれの情報を共有し、役割分担をすることが「連携する」ということです。

劣等感が高まる理由

小学校までは
大目に見られていたことの例

- 食べ物の好き嫌い
- わがまま
- 大声を出す
- 洋服へのこだわり
- 朝寝坊や夜更かし
- あいさつ
- テレビの視聴時間やゲームをする時間
- 授業態度や勉強の遅れ

↓

中学校では許されなくなる

なぜ「ダメ」なのかが
理解できずに戸惑う

↓

劣等感が高まる

家族はつねに子どもの味方になる

多感な時期である思春期は、劣等感や孤独感が強くなりがちです。お母さんやお父さんが子どもを理解し、つねに味方となってサポートすることが重要です。

何があっても子どもの味方に

発達障害の特性は、一生続くものと考えられています。家族は、子どもの特性を含めたありのままを理解し、受け入れることが必要です。そのうえで、子どもが持つ能力を伸ばすためにどんなサポートが最善かを考えていきましょう。

子どもへのサポートが適切であれば、子どもの感じる〝生きづらさ〟を軽減し、発達を促すことにもつながります。

子どもが中学校に進学すれば、それだけストレスも強くなってくるはずです。子どもを心配するあまり、「どうしたの？」「しっかりしなさい」「小学生じゃないんだから」などと責めたり、ガッカリしたような態度をとってしまったのでは、子どもの自尊心を傷つけてしまいかねません。

子どもの持つ特性を理解し、それを否定したり、否認したりせず、ふだんから「大丈夫だよ」「お母さん（お父さん）はいつも味方だよ」と、子どもが安心するような言葉かけをしたり、態度で接したりすることが大切です。

家族全員が特性を理解する

家族が理解してサポートするポイント

1 サポートの仕方を統一すること

子どものどのような行動や態度をほめ、どのような行動や態度を叱るのかを決め、だれが対応する場合も一貫した姿勢で接することが大切です。

2 必要以上に甘やかさないこと

子どもが苦手なことやできないことを代わりに全部やってあげるのではなく、できないことのどの部分を手伝ってあげればいいのかを考えましょう。サポートが、子どもの主体性や自立心を奪ってしまうことになっては本末転倒です。

3 きょうだい児にも理解してもらう

きょうだい児にも、特性のことをわかりやすい言葉で説明し、理解を得て、サポートに参加してもらいましょう。ただし、きょうだい児に必要以上にがまんをさせたり、サポートを無理強いしたりすることは避けます。

4 「ほめて育つ」と心得る

できないことや苦手なことを指摘し、叱ることでは、子どもは成長しません。できることや得意なことをほめる方が、自信を持つことにつながります。

家族みんなで子どもの特性を理解し、特性に合わせたサポートのルールを決めましょう。

たとえば、「宿題は夕食の前にすませる」「ゲームは一時間」「食事中はテレビを消す」などのルールを決め、それを実行できるようにきょうだい児（特性のある子どもの兄弟姉妹）にも協力してもらいます。安定したスケジュールのもとで生活を送り、子どもが安心できるような環境を整えましょう。

また、お母さんとお父さんは共通の言葉かけをするようにしましょう。それにより子どもはした方がいいこと、してはいけないことを理解します。

気分次第でほめたり叱ったり、態度を変えるのは好ましくありません。家族が共通した認識を持ち、理解し、みんなで役割分担をすることが重要です。

サポート①

対人関係の基本マナーを身につける

●多感な時期である思春期は、劣等感や孤独感が強くなりがちです。お母さんやお父さんが子どもを理解し、つねに味方となってサポートすることが重要です。

当たり前のマナーも練習が必要

ＡＳＤの子どもは、あいさつや礼儀といった〝目に見えない〟ことを理解することが苦手です。人からあいさつされても返すことができなかったり、先生と話すときにいわゆる〝タメ口〟をきいたり、逆に必要以上に敬語を使ったりすることがあります。

また、ＡＤＨＤの子どもは、ルールやマナーを知っていても、特性のために衝動的に列に割り込んでしまったり、ほかの子が発言しようとしているのに勝手に自分の意見を言って、まわりからひんしゅくを買ってしまうことがあります。

そんな子どもたちにルールやマナーを身につけさせるには、いろいろな場面を想定しながら、繰り返し練習することが大切です。たとえばあいさつなら、それがなぜ必要かを教えるよりも、具体的にいつ、どんな相手に、どのタイミングで声をかけるのが適切なのかを教えてあげましょう。

言葉よりも目に見える形にした方が理解しやすいので、登校時は「こんにちは」、下校時は「さようなら」などと書いた絵カードをつくったり、授業中のルールをまとめた紙を壁に張っておくなども方法です。

覚えたい、対人関係のルール

- ●基本的なあいさつと、するタイミングを身につける
- ●手伝ってもらったときや借りたものを返すときは「ありがとう」とお礼を言う
- ●人のいやがることは言わない、行わない（具体的に教える）
- ●人の話を聞くときは相手の顔を見る

サポート②

友だちは無理につくらなくてもいい

●特性のある子どもは、無理をして人と付き合うことに大きなストレスを感じることがあります。一人でいることが安心なこともあることを教えてあげましょう。

友だちは少なくてもできなくてもいい

思春期になると、仲のいい友だちや仲間ができ、グループで行動する機会が多くなります。一方、特性のある子どもはこうしたグループに入らず（あるいは入れず）孤立することがあります。

とくにＡＳＤの子どもは、一人でいることを気にしていない場合があります。そこへ友だちをつくることを促すと、かえって仲間外れにされたり、いじわるをされる場合もあります。

本人が「一人の方がいい」と考えているようなら、無理に友だちをつくる必要はありません。家族は、子どもが休み時間などに一人でいられるような過ごし方を、具体的に示してあげるといいでしょう。

一方、特性のために「変わった子」「自己チューな子」などと誤解され、友だちはほしいのになかなかできない、仲良しグループに入れないという場合もあります。

この場合も、無理に友だちをつくろうとしなくてもいいでしょう。対人関係の基本的なマナーを守っていれば、やがて気の合う人と出会うものです。本当に心を許せる友だちが一人いれば、充実した学校生活が送れます。

休み時間などを一人で過ごすコツ

できること

- トイレに行く
- 図書館で本を読む
- 水を飲む
- 好きな友だちと話す
- 校庭で遊ぶ

サポート③

時間の使い方を身につける

●発達障害の子どもの中には、先の見通しが立たないと不安を感じてしまう場合があります。行動スケジュールを立てて、時間の使い方を身につけましょう。

行動スケジュール表で生活習慣を身につける

ＡＳＤの子どもは、次に何をしたらいいか見通しが立たない状況にあると、不安を感じてしまう場合があります。そこで一日の行動スケジュール表をつくって、時間の流れの感覚を身につけ、毎日の生活や学習がスムーズに進むようにサポートしましょう。行動スケジュール表は、できれば家庭用と学校用を用意し、書き方を統一するのがコツです。

ＡＳＤの子どもは、目に見えないものを理解するのが苦手で、時間という概念が乏しい場合があるので、表のマス目を均等にするのではなく、時間の長さに合わせて幅を変えると、わかりやすくなります。また、特性によっては、マスを色分けしたり、イラストを添えるなど工夫を凝らしてみるといいでしょう。

子どもがスケジュール表に沿って行動できるようになってきたら、週間スケジュール、月間スケジュールというように、内容を増やしていくことで毎日の習慣も身についていきます。

こうした行動スケジュール表は、衝動性のあるＡＤＨＤの子どもが、規則正しい生活を身につけていく際にも効果的です。

1日の行動スケジュール表
（モデルケース）

6:30	起床、歯みがき、身仕度
7:00	朝食
7:30	家を出る
8:30	始業
～	授業
12:00	給食、昼休み
13:00 ～ 15:00	授業
15:30 ～	部活動
17:00	下校する
18:00	帰宅
19:00	夕食
20:00	宿題、明日の準備
21:30	入浴
22:00	就寝

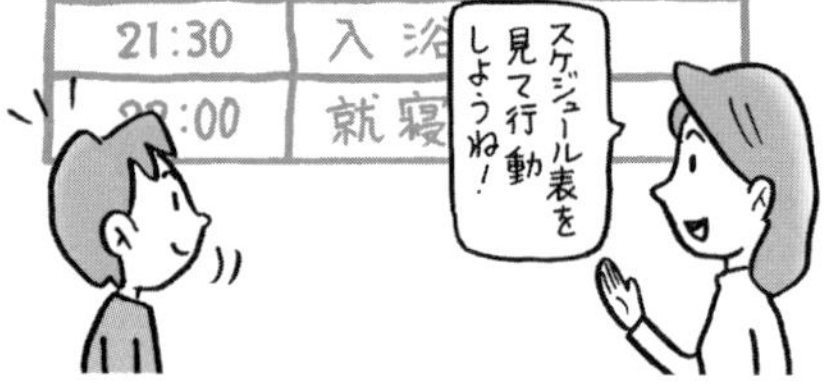

サポート④

身だしなみを整える

●人間関係を築いていく上で、「見た目」はとても大切な要素です。基本的な生活スキルとして、身だしなみを整える習慣をつけさせましょう。

毎朝、登校前に身だしなみをチェックする

集団生活を送る中で、見た目という要素はないがしろにできません。

思春期になると、自分やまわりの人の服装や髪型などが気になってきます。さらに近年では清潔感も重視されており、服が汚れていたり、だらしない着こなしをしていると、それだけで好感度が下がってしまう場合もあります。良好な人間関係を築くためにも、身だしなみを整えましょう。

ＡＳＤの子どもの場合、特定の服装に強いこだわりを持ち、毎日同じ服を着ていきたがる場合もあれば、まったく気にしない場合もあります。

ＡＤＨＤの子どもの中には、シャツの裾が出ていたり、靴下の柄が左右バラバラでも気に留めない子もいます。

本人は気にしていなくても、「まわりからどう見られているか」という視点を持つことも必要です。子どもの社会性を育んでいくためにも、毎朝登校前に鏡を見て、身だしなみをチェックする習慣をつけましょう。直した方がよいところは、さりげなくサポートしてあげましょう。

身だしなみチェック

- □ 下着やシャツは毎日交換し、清潔を心がける
- □ 基本的に服は毎日変える
- □ だらしない着こなしになっていないか気を配る
- □ 靴下は毎日交換し、靴もきれいにしておく
- □ 洗顔、歯磨き、髪の手入れは毎日行う
- □ 爪は短く切り、清潔にしておく
- □ ハンカチやティッシュを忘れない

サポート⑤

得意科目や好きを見つけて伸ばす

●発達障害のある子どもの場合、努力してもできないことがあります。できないことをできるようにするより、得意なことを見つけて伸ばす視点を持つことも大切です。

子どもは何か光るものを持っている

だれにも得意な分野はあります。たとえば、ＡＳＤの子どもの場合、長文読解問題を解くのが苦手でも、暗記に関しては抜群の能力を発揮する場合があります。ＡＤＨＤの子どもが、教室で先生の話に集中できなくても、理科の実験になると意欲的に取り組むことがあります。「読む」ことが苦手なＬＤの子どもでも、計算問題はスラスラと解いてしまうこともあります。主要科目以外でも、絵が得意だったり、短距離走が速かったり、手先が器用な子どももいます。

子どものできない科目や分野を気にするよりも、まずはできる科目や分野を見出して、伸ばしてあげましょう。何か一つでも〝強み〟があることが、子どもの意欲の源にもなり、自信にもつながります。

得意科目や好きが見当たらないときには、習い事をさせてみるのも方法です。

音楽に興味を示すようならピアノやバイオリン、体を動かすことが好きなら体操やスイミングスクールなど、いろいろ体験させてみましょう。子どもの世界を広げるのに有効ですし、中には飛びぬけた才能を発掘できる可能性もあります。

趣味や習い事をするメリット

- ●“得意”や“好き”を見つけるきっかけになる
- ●余暇として楽しめる活動が身につく
- ●定期的に通うことで生活リズムが整う
- ●活動の世界が広がる
- ●新たな出会いがある
- ●活動がいい刺激になる
- ●「〜〜がしたい」「こうなりたい」という目標ができる
- ●自信につながる

サポート⑥

学習支援ツールを活用する

●子ども一人ひとりが「わかる」授業を行うために、補助具やICT機器などのさまざまな学習支援ツールの活用に注目が集まっています。

ツールの活用で特性による学習困難を補う

ＬＤをはじめとする発達障害の子どもの、学習の困難さをサポートするツールとして、近年、補助具やＩＣＴ機器が注目を集め、教育現場への導入が進められています。子どもが学習に苦手意識を持つ前に、学習支援ツールを上手に活用して、小さな「できた」「わかった」を増やしてあげましょう。

「書く」をサポートするツール

◆パソコン・タブレットＰＣ
◆デジタルカメラ

「聞く」をサポートするツール

◆パソコン・タブレットＰＣ

「読む」をサポートするツール

◆デジタル教科書
◆ペン型音声再生機

「コミュニケーション」をサポートするツール

◆電子化された絵カード

「集中力」をサポートするツール

◆大型ディスプレー
◆ノイズキャンセリングヘッドフォン

「苦手」をサポートするツール

◆絵カード
◆鏡文字カード
◆漢字ブロックカード
◆擬音・擬態語カード

サポート⑦

ソーシャルスキルトレーニング（SST）

●子どもが社会的行動をとれるように訓練する方法の一つに、ソーシャルスキルトレーニング（SST）があります。

SSTは家庭でも実践できる

ソーシャルスキルトレーニング（SST）とは、人が社会でさまざまな人と関わりながら生きていくために、必要な技術を身につける訓練のことです。

人は成長の過程で出会うさまざまな人との関わりの中で、「した方がいいこと」「してはいけないこと」などを経験的にルールとして身につけていきます。

しかし、発達障害のある子どもの場合、それらをうまく身につけられない場合があります。家庭で生活支援を行っているにもかかわらず、なかなか必要なスキルが身につかず、同じ失敗を繰り返してしまうとき、SSTはその状況を改善するための有効な手段になります。

SSTは、家庭でも行うことができますが、子どもの特性によってどのようなプログラムが最適かは変わってきます。一度、SSTを行っている療育施設や病院などを訪ねて、専門家のアドバイスを受けたうえで行うといいでしょう。

ソーシャルスキルトレーニングの対象となる子ども

- ●できることとできないことが極端に分かれる
- ●指示を理解したり、判断したりするのが苦手
- ●コミュニケーションをとるのが苦手
- ●人の気持ちを理解するのが苦手
- ●空気を読むのが苦手
- ●感情や行動をコントロールするのが苦手
- ●情緒が安定していない

サポート⑧

ペアレントトレーニング（思春期向け）

●ペアレントトレーニングは、子どものさまざまな問題の〝行動〟に焦点を当てて、具体的にどのような対応をとったらいいのかを学習していく親向けのプログラムです。

とくにADHDの子どもを持つ親に有効

ペアレントトレーニングとは、子育てをしている親が、その役割を積極的に引き受けることができるように、親子をサポートすることを目的として開発されたプログラムです。

子育てに難しさを感じている家庭を対象としていますが、発達障害の子どものいる家庭、とくにＡＤＨＤの子どもの親には非常に有効とされています。

ペアレントトレーニングは、基本的に、幼児から小学校低学年ごろの子どもを対象とする場合が多いですが、近年では思春期の子どもを対象としたプログラムも登場しています。子どもとの接し方でつまずくと、のちに子どもの不登校や引きこもり、非行など二次障害の引き金となる場合もあります。それを予防するためにも、適切な子育てのスキルを身につけることは有効です。

ペアレントトレーニングが目指すのは、以下の点です。

◆親が子どもの「性格」ではなく、「行動」で考えることができるようになること

◆子どもを叱ることで問題を解決しようとせず、「できた」ことに注目してほめること

◆同じ悩みを持つ親同士が仲間になること

サポート⑨

薬物療法も選択肢の一つ

●発達障害の中でも、ＡＤＨＤは比較的に薬が有効とされています。むやみに薬を拒否せず、医師と相談しながら薬物療法を検討するのも方法です。

観点からも、薬物療法は選択肢の一つといえます。

薬物療法を行えば困っている問題がすべて解決するわけではありませんが、薬である程度症状を抑えながら、子どものストレスの軽減に努めることにより、二次障害を防ぐ効果は大いに期待できます。

ＡＤＨＤの症状は薬で緩和できる場合も

ＡＤＨＤの多動性や衝動性の改善に、薬が一定の効果を発揮することが知られています。子どもに薬を飲ませることに抵抗がある人もいるかもしれません。しかし、比較的に早い段階でＡＤＨＤの診断がついた子どもで、親が薬物療法を望まなかったために、思春期を迎えてあり余るエネルギーを抑えきれず、つねにイライラしていたり、かんしゃくを起こしたり、他人に八つ当たりしてトラブルを招くといった例は少なくありません。そうした事態を予防する

ＡＤＨＤのおもな治療薬

コンサータ（メチルフェニデート）

脳内のドーパミンの量を増やして、自己抑制を司る前頭前野の機能を向上させることで、ＡＤＨＤ特有の不注意や多動性、衝動性を抑える働きがあります。

ストラテラ（アトモキセチン）

脳内のノルアドレナリンに作用し、働きをよくすることで、集中力を高め、段取りや時間概念を改善する働きがあります。

インチュニブ（グアンファシン）

脳内のノルアドレナリンの受容体を刺激して、神経伝達を改善する働きがあります。多動性や衝動性、不注意を抑える作用は他の二剤より弱いですが、感情に作用して感情の爆発を防ぎ、他人を思いやる気持ちややる気を喚起します。

サポート⑩

家庭と学校が上手に連携を

●子どもは家庭だけでも学校生活だけでも成長できません。家庭と学校が上手に連携をとることを目指しましょう。

子どもの行動を説明して学校に支援を求める

学校の先生との面談は、子どもに対して共通の認識を持つチャンスといえます。親は、子どもの日ごろの行動の特徴リストをつくって、家庭での様子を具体的に説明し、学校と情報を共有することを心がけましょう。

　支援は、さまざまな場面でいろいろな人が関わることで行われます。その際に大切なのは、情報を共有することと、役割分担を決めることです。家庭と学校それぞれに、できることとできないことがあるので、どのように支援を分担するのかを決めることも大切です。ただし、互いに過剰な期待をしたり、能力以上の支援を求めたりすることは避けましょう。

　一方、学校の支援体制について、家庭に理解してもらう必要があります。面談などの場で保護者の了解を得たうえで、学級主任や支援コーディネーターに加わってもらい、学校のサポート体制を理解してもらいます。そのうえで、子どもの将来の自立に向けて何が必要なのか、率直に話し合いましょう。対話によって互いの信頼感が増し、うまく連携することができれば、子どもの健やかな成長を後押しします。

家庭と学校との上手な連携例

- ●家庭での問題点、学校での問題点を保護者と先生が共有する
- ●家庭と学校で子どもの特性への支援の仕方を共有する
- ●家庭と学校で「ほめる言葉」「叱る言葉」を統一する
- ●家庭と学校で勉強をする環境を同じようにする
- ●定期的に話し合いの場を設ける

column 4

クラスメートやほかの保護者に理解してもらうことも大事

子どもの特性について、クラスメートに理解してもらうことは非常に重要です。それが子どもへの偏見やいじめを防止することにもつながるからです。

まずは先生とよく話し合い、対応の方針を決めて、先生からクラスメートにわかりやすく説明してもらいましょう。その際、「発達障害」や「病気」といった表現を使わないようにお願いしておきます。

思春期の子どもたちは好奇心が旺盛なので、余計な興味を刺激してしまい、逆効果になるおそれがあるためです。子どもの特性を「こんな場面ではこのように手伝ってあげよう」「こんな場面では一人にしてあげよう」と具体的に説明してもらうことがポイントです。

また、クラスメートの保護者にも、保護者会などの機会を利用して、子どもの特性への理解を求めることも重要です。ただし、全員が理解してくれるとは限りません。「○○君のせいでクラス全体の学習が遅れるのは困る」「うちの子がケガをさせられたらどうするの?」などの意見が出てくる場合もあります。

こうした意見には、真摯に対応することが大切です。どんな声も積極的に耳を傾け、子どもはどんなことができて、どんなことができないのか、どのような部分なら協力してもらえるかなど、保護者と一緒に考えていくという姿勢で臨みましょう。そのうえで、保護者からもどんな支援がいいのか、意見を聞きながら理解を深めていきましょう。

第5章

自己肯定感を育むには

自己肯定感とは、「自分は生きている価値がある」「自分は必要な人間だ」というように、自分を肯定する気持ちのことをいいます。思春期は「自己の同一性」の確立とともに、自己肯定感を高める時期でもあります。発達障害のある子どもにとって、この自己肯定感をいかに高めていくかは大きな課題といえます。

子どもに発達障害の特性について伝えよう

自分の特性を知ることは、「自己の同一性」という課題を乗り越えるためにも必要です。発達障害の診断やその特性について、子どもに伝えることを検討しましょう。

なぜ告知が必要なのか

思春期に解決するべき課題として、「自己の同一性」の確立があります。

同一性の課題とはつまり、「自分はいったい何者なのか」を知ること、そしてかけがえのないたった一人の自分を受け入れるということです。その作業を、思春期を通じて行う必要があります。

発達障害やその特性は、その子どものものですが、子どものすべてではありません。たとえば、発達障害の特性が認められても、それ以外の特徴もたくさん持っているはずなのです。

また、発達障害の診断がついたとしても、その状態で困っていることは、一人ひとり異なります。すなわち、「発達障害」でひとくくりにすることはできないということです。発達障害の診断を告知することは、子ども本人が自分を知るために必要なことですが、告知そのものは非常に個別性の高い行為といえるのです。

いつ、だれが、どのように知らせるか

子どもに対して、発達障害の特性を伝える時期は、まさに思春期が最適と考えます。本人が漠然とした不安やなんとなくしっくりいかないような〝生きづらさ〟を自覚し始め、自分はいったい何者なのか、どこから来てどこへ行こうとしているのか、そうした一種哲学的な疑問を持ち始めたとき、客観的な立場に立って「あなたはこのように見える」と教えてあげるとよいでしょう。

診断名の告知は、医師が行うことです。診察と診断プロセスを行うことができるのは医師だけなので、その結果についても説明責任は医師が負っています。医師の立場からは、診断名の告知は時間をかけて行いたいと考えています。

したがって、親が子どもを外来に連れてきて、「さあ、子どもを診断してください」「診断名を子どもに伝えてください」というのは現実的ではありません。子どもとのコミュニケーションの中で、診断を告知することが大切です。

診断を告知することの意味を考える

告知は、単に病名を説明することではありません。告知のあとには、その診断名あるいは特性について、どのようにサポートしていくのかをじっくりと考える必要があります。発達障害の診断やその特性を、今後もずっと一緒に考えるという準備がないまま告知を行うことは避けた方がいいでしょう。診断名を聞いて、子どもが混乱したり、不安定になったりする場合があります。それらについても、一切を引き受ける覚悟を持って臨むことが必要です。

自分の特性を理解し、必要なサポートを自分で利用できるようになるためにも、告知というプロセスは不可欠です。

発達障害の子どもにも長所はたくさんある

特性のある子どもでも、長所はたくさんあります。そこに着目してほめてあげると、子どもは自信を持てるようになっていきます。

子どものできることに目を向けると景色が変わる

だれにも、「好きときらい」「得意と苦手」があります。定型発達の子どもなら、きらいなことや苦手なことでも、努力することで克服できるかもしれません。

しかし、発達障害のある子どもは、努力によって克服できるとは限りません。特性ゆえにできないこともあります。

たとえば、ＡＳＤの子どもはこだわりの強さゆえに、好きなこと以外はやろうとしない場合がありますし、

特性を長所にすることもできる

ＡＳＤの場合

特性 ❶ 人との関わりが苦手

- 長所① 人の意見に左右されない
- 長所② いわゆる忖度をせず、自分の意見をはっきりと言える

特性 ❷ コミュニケーションが苦手

- 長所① 視覚的、聴覚的にすぐれた能力を持っている場合がある
- 長所② 絵画や音楽など芸術面に秀でた才能を持っている場合がある

特性 ❸ こだわりが強い

- 長所① 好きなことには集中して取り組める
- 長所② まじめ、几帳面、努力家
- 長所① ルールを守れる
- 長所② いわゆる忖度がない

ADHDの子どもは多動性や衝動性ゆえに、一つのことに集中することが苦手です。読み書きに障害があるLDの子どもは、国語を学んでいく上で大きな困難がともないます。

しかし、できることや好きなことに目を向けると、見えてくる景色が変わってきます。好きなことには長時間でも取り組む根気がありますし、意外な能力を発揮することも珍しくありません。

たとえ、それが蝶の収集だったり、きれいな貝殻を集めることだったとしても、「勉強に関係ないことばかりして……」などと思う必要はありません。対象が何であれ、意欲を持って何かをやり続ける姿勢をサポートしてあげることが、子どもの〝できる〟や〝好き〟を長所に変えていくのです。

LDの場合

特性❶ 読み書きが苦手

- 長所① 記憶力を養うことで克服できる場合がある

特性❷ 六つの能力の障害

- 長所① 支援ツールの活用で苦手の克服も可能

ADHDの場合

特性❶ 不注意

- 長所① 新しいものを見つけることが得意
- 長所② 興味があることには没頭できる
- 長所③ アイデア豊かで発想力に富んでいる

特性❷ 多動性

- 長所① 行動力がありエネルギッシュ

特性❸ 衝動性

- 長所① 積極的なコミュニケーション力がある
- 長所② 頭の回転が速い
- 長所③ 感受性が高く共感力がある

自信が持てると〝自己肯定感〟が高まる

できないこと、苦手なことばかりを指摘するのではなく、できること、得意なことを見つけ出してあげることが、子どもの自己肯定感を高める重要なサポートとなります。

特性のある子どもは自己肯定感が育まれにくい

自己肯定感とは、「自分は生きている価値がある」と自分を肯定する気持ちをいいます。

子どもは成長の過程でさまざまな経験を積み、だれかにほめられたり、認められたりすることで意欲が芽生え、自信をつけていきます。それが自己肯定感を高めていく原動力となります。

ところが、発達障害のある子どもは、自己肯定感を持つことが難しい場合が少なくありません。

たとえば、ＡＳＤの子どもは得意と苦手がはっきりしている傾向があり、国語の文章読解問題は苦手でも、歴史や地理といった暗記科目は得意など極端な偏りがある場合があります。すると多くの親は、「国語がダメね」「もっと本を読みなさい」などと言ってしまいがちです。努力をしてもできないことに、はっぱをかけてしまうのです。

また、ＡＤＨＤの子どもは、一つのことにじっくりと取り組むことができなかったり、集中力が続かない場面が多く、叱られることが多くなりがちです。さらに、特性のために、同じ失敗を何度も繰り返すので、同じことで何度も叱られてしまいます。

そうしたことが日常的に繰り返されると、特性のある子どもは「自分はダメな子」だと思い込み、自己肯定感を育むことができません。

いくつになってもほめることは大事

しかし、得意なことを伸ばしたり、持てる能力を発揮するには、自己肯定感が欠かせません。特性があっても、必ず長所があるのは前述したとおりです。それを見つけるには、まず子どものできることや好きなことを存分にやらせてあげることが重要です。

親はつい、「そんなことばかりしていないで、勉強しなさい」と言ってしまいがちです。学校の先生も同じです。しかし、特性のある子どもが意欲的に取り組んでいることを、やり続けさせてあげる度量を親や先生が持つことで、子どもの可能性は広がっていきます。

そして、もう一つのポイントは、とにかく「ほめる」ことです。子どもが成長すると、ほめることに抵抗を覚える親が少なくなく、「甘やかすことになるのでは？」と心配する向きもあるでしょう。しかし、ほめることと甘やかすことは違います。甘やかすとは、子どものわがままを許してしまうことです。これはサポートではなく、子どもが「自分でやってみよう」とする力を奪ってしまうおそれがあります。一方、ほめるとは、どんなささいなことでも、子ども自身が一つの壁を乗り越えたことを認めることです。

定型発達の子どもは何気なくできることでも、特性のある子どもには大きな壁であることを理解しましょう。できたことをほめてもらうことで子どもは自信をつけ、自己肯定感が育まれます。それがやがて子どもの将来の自立や自活につながっていきます。

上手にほめるための10の原則

思春期を迎えても、子どもはほめられることで伸びていきます。上手にほめて子どもの意欲につなげ、自己肯定感を高めるサポートをしましょう。

ほめる

1 その場ですぐにほめる

●できたその場で、すぐにほめたり、評価してあげることが鉄則です。それにより、子どもは自分の何が良かったのかを実感し、学んでいきます。

ほめる

2 ほめられたことがわかるようにほめる

●子どもと視線を合わせたり、関心を引きつけるなどしてからほめましょう。子どもは何かに集中していると、言葉が耳に入らないことがあります。

ほめる

3 ささいなことでもできたらほめる

●特性のある子どもは、何かができるようになるまで多くの時間と努力を要します。ささいなことでもできるようになったら、すかさずほめましょう。

ほめる

4 「言葉＋視覚情報」でほめる

●特性によっては言葉だけでは理解しにくいことがあります。言葉とともに身振りや手振り、表情などの視覚情報を交えてほめてみましょう。

ほめる

5 得意分野を見つけてほめる

●苦手なことを克服させようとするよりもまず、得意なことを見つけてほめてあげましょう。同時に、苦手なことは「この程度でOK」ととらえましょう。

ほめる

6 勉強以外のことをほめる

●中学生にもなると勉強の遅れが気になるものですが、勉強以外の得意分野を見つけてほめると、意欲の維持にもつながります。

ほめる

7 結果より過程に着目してほめる

●大人はつい〝成果〟に目が行きがちですが、それにいたるまでの過程にも目を向け、子どものがんばりを見逃さずにほめてあげましょう

ほめる

8 ときには間接的にほめる

●子どもを直接ほめるだけでなく、ときには第三者を登場させて、「〇〇さんもほめていたよ」と伝えてみると心に響きます。

ほめる

9 感性や発想力をほめる

●特性のある子どもは、物事のとらえ方や感じ方が独特である場合が少なくありません。人とは違うその感性や発想力をポジティブに評価しましょう。

ほめる

10 たまには「言葉＋ごほうび」もいい

●たまには、ほめ言葉とともにごほうびを検討してみましょう。さらなる意欲につながることが期待できます。ただし、運用ルールを決めておくことも大切です。

適切に叱るための10の原則

特性があるからといって、必要以上に甘やかしたり、逆に放任になるのはよくありません。適切に叱る方法を身につけることは、子どもの自立を後押しします。

叱る

1 その場ですぐに叱る

●何か問題があったときは、その場ですぐに叱ることが基本です。時間がたってから叱ってもほとんど効果はなく、むしろ混乱させてしまう場合があります。

叱る

2 できないことは叱らない

●特性のためにできないことは、本人の努力不足とは関係ありません。むしろ、どんなことができないのかを把握することが先決です。

叱る

3 「ダメ！」という言葉は使わない

●「ダメ」のような強い否定の言葉は極力使わないようにしましょう。ASDの子どもの中には、強い言葉や口調に敏感に反応してしまう場合があります。

叱る

4 短い言葉で具体的に叱る

●説教は長くなるほど伝わりづらくなるものです。できるだけ短く、わかりやすい言葉を使って、具体的に叱ることがポイントです。

叱る

5 数字を効果的に使う

●言われたことを正確に理解できるように、数字をうまく使ってみましょう。代名詞や抽象的な言葉ではうまく理解されない場合があります。

叱る

6 大声を出しても伝わらないことがある

●ASDの子どもは、相手の表情や声のトーンがうまく読み取れない場合があります。大声を出したり怖い顔をしても、相手に伝わらなければ意味がありません。

叱る

7 繰り返し何度も叱らない

●ADHDの子どもは、同じ失敗を何度も繰り返しがちです。そのたびに叱られていると、子どもは強い劣等感を抱き、自己肯定感が育まれにくくなります。

叱る

8 子どもの注意を引きつけてから叱る

●何かに夢中になっているときは、言葉が耳に届かない場合があります。子どもの近くに行き、注意を引きつけてから端的に叱ることがポイントです。

叱る

9 感情的にならない

●何度も同じことを注意していると、つい感情的になってしまいがちです。しかし、感情的に叱ると子どもも不機嫌になりやすく、かえって伝わりにくくなります。

叱る

10 体罰はしない

●体罰をすることで、一時的には言うことを聞くようになるかもしれません。しかし、長い目で見ると、子どもの成長にとってマイナス要素しかありません。

column 5

学習支援のために環境を整えよう

中学に進むと、学習レベルがより高度になって、家庭での予習や復習がとても大切になってきます。ところが、自宅にはテレビやゲーム、コミック類など、刺激的なものがたくさんあり、なかなか勉強に集中できません。

ＡＳＤの子どもは、特性のために音や光など必要のないものが目や耳から入ってきてしまいがちです。ＡＤＨＤの子どもは、窓の外が見えたり、ゲーム機などが近くにあると、衝動が抑えられない場合があります。そうした特性のある子どもが落ち着いて勉強できる環境を整えるには、過剰な刺激を与えないことがポイントとなります。

そこでまずは、子ども部屋の勉強スペースとベッドスペースを、カーテンや本棚で仕切ってみましょう。これにより、机のある場所＝「勉強に専念する場所」と認識するようになります。

ゲーム機やコミック類、ポスター、スポーツ用品など、気が散る要因となるものはほかの部屋に移すか、見えない場所に隠します。

机は壁に向かって置き、極力窓の外が見えないように工夫します。机まわりには、勉強に必要なものだけを置くようにしましょう。

何か明確な目標があると、勉強に取り組みやすくなります。試験などの日程が決まったら、子どもと一緒に試験勉強のスケジュール表を作成し、机のそばに貼りましょう。その際、苦手な科目は無理をしなくてもいいことなどを話し合っておくと、子どもも安心します。

家族は、子どもが自分に合った勉強法を見つけられるように、環境面からもサポートすることが効果的です。

第6章

思春期にあらわれやすい、二次障害

発達障害があると、その症状や問題行動とは別の「二次障害」が起こりやすいといわれています。二次障害とはどのような状態をいうのか、なぜ思春期にあらわれやすいのか。二次障害の種類や原因を正しく理解しておきましょう。

発達障害の〝二次障害〟とは

発達障害について、周囲から正しく理解されていないと、子どもは過度に注意や叱責、無視といった対応をされてしまうおそれがあり、それが二次障害の引き金になります。

「特性＋後天的要因」によって起こる二次的な障害

発達障害の子どもには、さまざまな特性があります。それによって日常生活や対人関係、学習などのさまざまな場面で起こることは、特性ゆえの「一次的な問題」です。一方、その特性とは別に、本人が受ける過剰なストレスやトラウマなどが引き金となって起こる二次的な問題を「二次障害」といいます。

二次障害が起こりやすいとされる時期が二回あります。まずは、小学校に上がってすぐのころです。保育園や幼稚園などで集団生活を送る中で、子どもの「ほかの子と比べて少し変わったところ」が徐々に見えてきますが、小学校に入学するといよいよその特性が明らかになり、周囲とうまくいかなくなってあらわれるというケースです。

二回目のピークは、小学校高学年から中学生くらいのいわゆる思春期です。思春期のころは、男女ともに心身にさまざまな変化が起こり、他人のことが気になり始めます。そうした中で、友だち付き合いがうまくいかなかったり、授業についていけなくなったり、スポーツが苦手だったりして、成功体験を積み重ねることができずに、自己肯定感がなかなか育まれません。

こうした要素が引き金となって、二次障害は起こります。

思春期は精神疾患の発症しやすい時期

そもそも思春期は、精神疾患が発症しやすい時期でもあります。発達障害の有無にかかわらず、この時期には統合失調症やうつ病、強迫性障害などの病気が出現しやすいことが知られています。その多くは、精神症状よりも行動面の変化が診断のきっかけになることが多いのです。

精神疾患以外の行動面の問題は、ほとんどすべて幼児期・学童期の問題の積み残しを引きずっているともいえます。適切に対応されなかったストレスや傷つき体験が、自己評価や自尊心を低下させ、問題となる行動につながっていくケースが多くみられます。

ここでは思春期の子どもにあらわれやすい症状について見てみましょう。

二次障害の症状

■ 身体的な症状（心身症や自律神経症状）

- 頭痛
- 腹痛
- 食欲不振
- 不眠
- 嘔吐
- 過呼吸症候群
- 頻尿／夜尿症　など

■ 精神的な症状（うつ症状）

- 過剰な不安や緊張
- 不機嫌
- 意欲減退
- 無気力
- 不安障害
- 抑うつ気分
- うつ病
- 対人恐怖　など

■ 行動面の問題

- 強い反抗
- 不服従
- 不登校
- ひきこもり
- 挑戦的な行動
- 暴言／暴力
- 破壊行動
- 校内暴力
- 家庭内暴力
- いじめ
- 非行　など

■ その他の問題

- チック（男の子に多い）
- 脱毛癖（女の子に多い）
- 爪噛み
- 貧乏ゆすり
- トュレット症候群（重症のチック障害）　など

思春期に二次障害が起こりやすい理由

特性のある子どもと親との関係、周囲との関係、特性による生きづらさなど、思春期はさまざまな要因が重なることで、二次障害が起こりやすくなります。

親との関係が大きく影響している

二次障害は、発達障害の特性からくるさまざまな問題行動や生きづらさなどにより、自己肯定感が持てない結果、引き起こされることが多いとされています。しかし、二次障害があらわれるまでには、その子どもを取り巻く環境、とくに親との関係が大きく関わっています。

たとえば、特性ゆえに子どもがさまざまな問題行動を繰り返すことに手を焼き、親がそのたびに子どもを強く叱責していたとします。すると子どもは日々傷つき、わかってもらえないつらさや否定的な感情が積み重なっていきます。そうした期間が長くなればなるほど、子どもの心身はダメージを受け、二次障害を招くリスクが高くなります。

また、子どもに特性があることを親が認めようとしなかったり、無理解であるケースも考えられます。子どもの気になる行動にも見て見ぬふりをしたり、「自分の子どもではない」と養育を放棄したり、なかには虐待を加えてしまう親もいます。その結果、子どもの感情や行動にゆがみが形成され、そのゆがみが発達障害の特性と相まって、二次障害を誘発するおそれがあるのです。

子どもと学校の先生との関係もそうです。先生が特性のある生徒を持てあまし、繰り返し叱責したり、逆に無視をしたり、ほかの生徒とは明らかに異なる接し方をするなどしていると、先生と子どもとの関係だけでなく、ほかの子どもとの関係性にも影響を及ぼします。そうしたことが学校での破壊行動や校内暴力、不登校や引きこもりの引き金になる場合もあります。

つまり、子どもの心をゆがませるか、ゆがませないかは、周囲の大人が大きなカギを握っているといえるのです。

二次障害を引き起こすさまざまな要因

■ 親が障害を認めない、障害に対して無理解

- 子どもを強く叱責する
- 子どもに否定的な態度で接する
- ネグレクト・虐待

■ 家族関係の悪さ

- 両親の関係がよくない
- きょうだい間で葛藤がある
- 祖父母と両親との不和

■ 両親の発達障害

- 親に発達障害がある
- 親がうつ病など精神疾患を患っている

■ 生活習慣の乱れ

- 昼夜逆転など睡眠リズムの乱れ
- 食生活の乱れ

■ 学校のサポート体制の不備

- いじめを受けている
- 仲間外れにされる

■ 地域社会での孤立

- 地域の中で孤立している
- 同級生の親からの陰口や嫌がらせ

子どもの小さなサインに気づいて二次障害を防ぐ

発達障害のある子どもの二次障害を防ぐには、子どもの小さな変化に周囲が気づいてあげることが大切です。

二次障害が疑われるサイン

□ 疲れやすさ・倦怠感

ＡＳＤの女の子によく見られる症状。第二次性徴にともなうさまざまな変化で心身がアンバランスになり、起こると考えられます。

□ 頭痛・肩こり

姿勢の悪さや視力の低下、運動不足など、頭痛や肩こりを起こす原因が思い当たらない場合、ストレスに起因している可能性もあります。

□ 意欲や集中力の低下

没頭して取り組んでいた好きなことを、パッタリやらなくなった、やり始めてもすぐに投げ出すようになった場合は要注意です。

□ 眠れない・起きられない

思春期になって生活時間が崩れ、不眠や寝起きの悪さが見られることがあり、その陰に不安や緊張が隠れている場合があります。

小さな変化に二次障害の芽が隠れている場合も

思春期を迎えるころになると、成長ホルモンや性ホルモンの分泌がさかんになり、大人の体へと変化が始まります。それにより、さまざまな衝動がわき上がり、落ち着きがなくなったり、ソワソワしたり、イライラし始めます。

それまで親とよくおしゃべりをし、なんでも相談していた子どもも、この時期になると親離れが始まり、親と話そうとしなくなります。親が話しかけても、そっけない態度をとることも珍しくありません。また、親の言うことを聞かなくなり、むしろ

□ 友だちと遊ばなくなる

対人関係に問題を抱えやすいため、急に友だちと遊ばなくなる、仲間外れにされているような場合、不登校の引き金になるおそれがあります。

□ 学校へ行こうとすると体調が悪くなる

登校前になると、腹痛や嘔吐・下痢を起こす、呼吸が荒くなる、微熱などの症状が出る場合、学校を休ませるとそのまま不登校に進展するおそれがあります。

□ 怒りっぽい・かんしゃくを起こす

思春期のころはイライラしやすくなりますが、特性のある子どもが理由もなくかんしゃくを起こす場合は原因を見極める必要があります。

□ 勉強しなくなる

急に勉強をしなくなる、宿題をさぼるようになるなど、学習意欲が低下していると感じる場合、学校がいやになっている可能性があります。

□ 無口になりゲームばかりしている

片ときもスマホから目を離さず、お風呂やトイレにまで持ち込んでゲームに興じ、以前と比べて無口になったと感じる場合は注意が必要です。

□ 口答えをする・反抗的になる

第二次反抗期の入り口とはいえ、度を越す反抗や拒絶的態度、見え透いたうそをつく、なんでも人のせいにするといった態度は見過ごせません。

□ 周囲の大人が子どもの発達障害に気づいていない

周囲が子どもの特性に気づかず、気づいても受け入れていない場合、子どもの言動や行動をネガティブにとらえやすく、二次障害の要因となります。

□ 家族の機能不全

両親の不仲、同居する祖父母と両親の関係が悪い、きょうだい間の葛藤などがある家庭で育った子どもは、問題行動のリスクが高くなります。

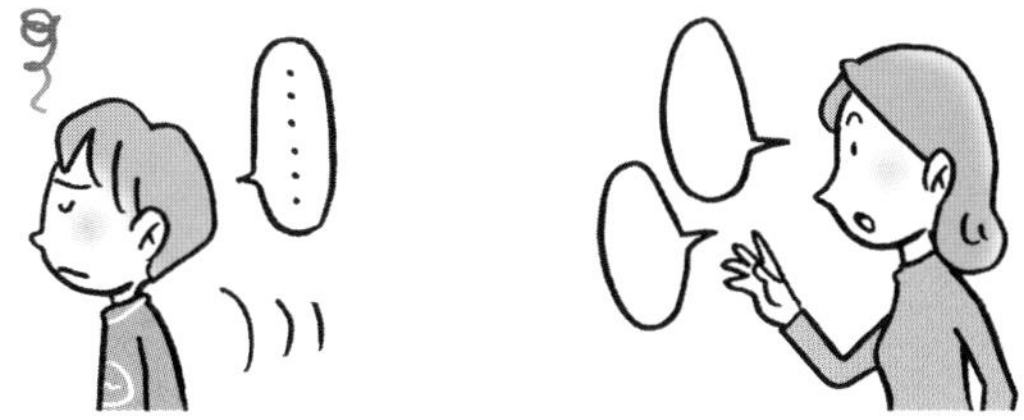

反発して口答えをしたり、「うるさい」「あっちに行け」などと暴言を吐いたり、暴れたりする場合もあります。そうした一連の変化は、思春期ゆえのものかもしれませんが、発達障害のある子どもの場合、そこに二次障害の芽が隠れている可能性もあります。

子どもに起こった小さな変化＝二次障害の芽となるサインに、周囲の大人、とくに家族が早く気づいてあげることが、予防する上で重要になります。

二次障害への対応①

支援機関を積極的に利用する

二次障害の症状や対応について困ったとき、特性のある子どもをサポートする公的なサービスや支援機関があります。積極的に利用しましょう。

公的機関に相談してみよう

発達障害のある子どもには、さまざまなサポートが必要です。それを親だけで担おうとせず、各地域に設置された子どもの支援を行う公的機関を積極的に活用しましょう。

就学前には各市区町村にある保健所や保健センター、児童相談所が相談を受けてくれます。地域の子育て支援センターなどでも、定期的に発達相談を受けつけているので、問い合わせてみるといいでしょう。

就学後にもっとも相談しやすいのは、学校の担任の先生や特別支援教室を担当している先生ですが、そのほかにも地方自治体の教育センターや教育委員会にも相談窓口があります。児童相談所も十八歳までの子どもの相談ができます。

すでに発達障害の診断を受けている場合は、特性のある子どもの支援を総合的に行っている発達障害者支援センターを訪ねてみましょう。必要に応じて、保健や医療、福祉や教育などの関係機関と連携して、特性のある子どもやその家族のさまざまな悩みに対応してくれます。

各都道府県に設置されている精神保健福祉センターは、小学校高学年以上の子どもを対象とする、心の健康の相談窓口です。子どもの発達や行動面での問題に対応してくれるほか、不登校や引きこもり、家庭内暴力などについても相談することができます。

子どもと一緒に相談に行くときは、前もってどんなところなのかを説明し、子どもが不安にならないように配慮することも大切です。

相談できる支援機関

▶ 保健所／保健センター

地域の保健所や保健センターでは、乳幼児期だけでなく学童期でも、子どもの発達の相談にのっています。

▶ 児童相談所

各市区町村に設置されていて、18歳未満の子どもに関するさまざまな相談にのってくれます。子どもの生活全般や教育、発達状況や障害に関する相談や悩みなどにも、幅広く対応しています。

▶ 発達障害者支援センター

発達障害のある子どもの支援を総合的に行う専門機関です。保健、医療、福祉、教育、労働などの関係機関と連携しながら、発達障害のある子どもとその家族からのさまざまな相談に応じ、指導と助言を行っています。

▶ 精神保健福祉センター

うつなどの精神障害や引きこもりなど、心の健康相談の窓口で、各都道府県に設置されています。

▶ 医療機関

医療機関では、小児神経科や児童精神科などが専門に診てくれます。近くにない場合は、まずかかりつけの小児科に相談し、必要に応じて紹介状を書いてもらうといいでしょう。

▶ 大学の研究室に併設された総合相談センター

発達障害に関する相談窓口を開設している大学もあります。

二次障害への対応②

学校ができる支援

学校は子どもに二次障害が生じるきっかけをつくりやすい場所でもあります。子どもへの支援は学校全体の課題として取り組みましょう。

子どもの小さな変化を見逃さないで

発達障害の二次障害が、思春期以降に生じやすいのは、子どもが周囲と比べて、〝うまくできない自分〟を認識できるようになることが大きく関わっています。そこから自己肯定感が低下していくことに加え、失敗体験を重ねたり、親や先生からの叱責が繰り返されると、否定的な自己像がつくられやすくなります。つまり、学校は子どもに二次障害が生じるきっかけをつくりやすい場所ともいえるのです。

子ども自身に起こった小さな変化を見過ごしてしまうと、急に反抗的になったり、乱暴な言葉を使うようになったり、ささいなことで暴れたり、あるときパタッと学校に来なくなるといったことが起こります。

二次障害が生じてしまったら、学校の対処によって改善させるのは難しいかもしれません。しかし、子どものそうした言動や行動がエスカレートする前に、学校ができることはあります。

まず、教師が子どもの特性を把握している場合は、子どもの小さな変化に気を配っておくことが大切です。気になることがあったら、その都度声かけをして、子どもの話に耳を傾けるようにしましょう。言葉でうまく伝えられない子どもには、表情や態度から推測できる感情を、「つらかったね」「がんばったんだね」などと言語化してあげましょう。

また、学年が上がるとともに授業についていけなくなり、劣等感を持ちやすいので、子どもの〝できる〟ことに着目し、それを具体的な言葉でほめたり、励ましてあげることも重要です。

クラスの子どもたち全体に目を配る

二次障害の症状がみられる子どもがいると、先生はついその子どもに注意が向き、手をかけがちになります。しかし、あまり手をかけすぎると、クラスのほかの子どもたちから不満の声が出てくる可能性があります。するとその不満のほこ先が、二次障害を起こした子どもに向かい、さらに状況を悪化させてしまうことにもなりかねません。

そうならないためには、日常的にクラス全体に目を向け、小さなことでも望ましい行動ができた子どもには、それに気づいていることを伝えるようにします。良い行いができたときは、ほめてあげましょう。ふだんから子どもたちとそのように関わっておくと、特定の子どもばかりに手をかけているという印象を与えずにすみます。

また、日ごろからこうした対応を心がけておくと、結果的にさまざまな問題が起こるのを防ぐことにもつながります。

学校全体で取り組む課題と位置づける

かりに、発達障害のある子どもが学校で乱暴を働くようになったり、学校を休みがちになってしまった場合、その対応は担任の先生だけが行うのではなく、教員全体が子どもの状態を把握して、対応方針を共有することが大切です。いろいろなことがうまくいかず、自己肯定感の低い子どもにとって、担任だけでなく、ほかの先生からも肯定的な声かけをされることは、精神的な安定にもつながります。

実際、子どもへの対応が先生ごとに異なっていたために、よくなりかけていた子どもの状態が逆戻りしてしまったケースもあります。子どもの二次障害は学校全体で取り組む課題と位置づけ、変化する子どもの状態を共有しながら、「ほめ役」「叱り役」など役割分担をすることも効果的です。

column 6

医療機関を受診するときには

子どもに不安障害やうつ、睡眠障害、摂食障害など、放置できない症状が見られた場合は、児童（小児）精神科や小児神経科を受診するのが適切です。十五歳までの子どもを対象とした専門機関で、症状に対する治療を行うほか、さまざまな要因を背景に不登校やひきこもりとなっている子どもも診ています。

発達障害の二次障害の治療においては、目に見える症状だけでなく、その奥に特性が関わっているかどうかを判断することが非常に重要となります。

目に見える症状だけを治療して、かりに回復したとしても、根幹的なところを見逃していると、再発を繰り返すおそれがあります。したがって、一般的な精神科を受診する場合は、子どもの特性について医師に伝えたうえで、治療方針を立ててもらうことが大切です。

もし、どこを受診したらいいかわからないときには、地域の児童相談所や精神保健福祉センターなどを訪ね、症状や気になる行動などを相談したうえで、適切な医療機関につないでもらう方法があります。また、かかりつけの小児科を受診して、専門機関へ紹介状を書いてもらうのもいいでしょう。

第7章

進学・進路の選び方

中学までの義務教育が終了すると、進学か就職か、進路を決めなくてはなりません。発達障害のある子どもにとっても、保護者にとっても、その後の人生を左右する非常に重要な問題です。早い段階からじっくりと時間をかけて検討しましょう。

進路はどう決めるか

中学校卒業後の進路は、本人の適性を見極めたうえで、保護者や担任の先生と相談しながら決めていくのが基本となります。

本人の適性に合わない進路を選ぶと……

中学卒業後の進路をどうするか。これはすべての子どもにとって大きな問題です。発達障害のある子どもにとっても、その後の人生を決める一大事といっても過言ではありません。

本来は、自分の適性や得意なこと、興味のあることなどを念頭に検討を進めていきますが、特性のある子どもの場合、自分の能力や適性を客観的に見ることが難しい場合があります。

そのため、進路についても現実離れしていたり、こだわりの強さから自分の適性にはまったく合わない進路をかたくなに希望してしまうこともあります。

たとえば、好きな芸能人やユーチューバーなど、その時に憧れて自分もなりたいと言い出したり、お気に入りの路線の電車に乗って通学したいからという理由だけで、希望校を選択したりして、周囲を困惑させることもあります。

本人の希望であっても、適性に合わない進路を選んでしまうと、結局は後悔したり、通えなくなってしまうことになりがちです。とくにＡＳＤの子どもの場合、こだわりの強さから融通がきかず、なかなか方向転換できないケースをしばしば見かけます。

子どもの得意と苦手を把握したうえで検討する

進路を決める際に重要なことの一つは、子どもの特性とのマッチングです。

特性のある子どもは、本人の努力だけでは乗り越えられない分野があります。もし、子どもの選んだ進路がその子に合っていれば、その後も順調に成長していけるはずです。

したがって、子どもが選ぶ進路とのマッチングについて、親は学校の担任の先生などとじっくりと時間をかけて見極めていくことがとても大切です。

進路を決める前に、子どもの得意なことと苦手なことを整理して、適性を客観的に洗い出し、把握しておきましょう。

卒業後の進路を決めるのは、本人の意思を尊重しますが、保護者や先生、支援者などのアドバイスを受け入れ、現実的な着地点を模索することが重要です。

子どもの適性を把握しておこう

■ ASDの子どもの例

得意なこと

- 時間や規則を守る
- 文字や文章での理解
- 規則的な作業や反復作業
- 暗記力が求められる情報の整理
- パソコンの作業
- 電車やバスを使った通学

■ ADHDの子どもの例

得意なこと

- 好奇心が旺盛
- 興味のあることには没頭できる
- アイデア力や発想力に富んでいる
- 行動力がある
- 積極的なコミュニケーション
- 頭の回転が速い

志望校を選ぶときのポイント

高校を検討するときは、本人の特性と支援との相性が重要となります。学校の特色や支援体制の有無などをしっかり確認しましょう。

志望校選びは現実的に判断しよう

義務教育の中学とは異なり、高校は全日制、定時制、通信制、特別支援学校（高等部）と選択肢が広がります。それだけに、高校は本人の将来設計を考慮して、慎重に検討する必要があります。

高校を卒業したら就職を考えているのか、大学に進学を希望するのか。あるいは、毎日高校に通学することができるのか、自宅で勉強をした方が落ち着いて取り組めるのか、などの観点からじっくり考えてみましょう。

また、特性によっては、特別支援学校の高等部で支援を受けながら学ぶ方が、本人にとってもストレスが少ないという場合もあります。適性に合わせて、子どもが学べる環境を現実的に決めることがなにより大切です。

自分の目で確認しよう

志望校が決まったら、受験する前に、一度学校を訪問してみましょう。本人が進学しようと思っている高校がどんな学校なのか、学校案内や学校のホームページ、人づてに聞いた評判だけではなかなかわからないものです。

高校での支援体制は、学校によって大きく違います。積極的に支援を行っている高校なのか、そうでないのかによって、高校生活は大きく変わってきます。

支援担当の先生や校長先生などに相談する機会を設けてもらい、過去の支援の例や、支援を受けている先輩の話を聞くことは、大いに参考になるはずです。

また、志望校を見学することは、受験の励みにもなりますし、高校生活に対する不安が軽減される場合もあります。

できれば複数の高校を見学して、本人との相性を見極めるとよいでしょう。

◆ 高校進学を決めた場合の流れ ◆

STEP 1 進学先を検討する（情報収集）

- 中学の担任の先生に相談する
- 学校案内書、ホームページ、受験ガイドなどで確認
- 高校の説明会
- 公開授業
- 先輩などからも情報収集

STEP 2 進学先を絞る

- 実際に候補の高校を見に行く
- 学校の所在地、通学経路、在校生や学校の雰囲気などを実際に確かめてみる

STEP 3 進学先を決定する

- 進学先の先生に、受験における特性への配慮などを確認する
- 高校の支援体制などを直接確認する
- 高校卒業後の進路などの情報も収集する

高校の選択肢とそれぞれのメリット・デメリット

高校には、全日制、定時制、通信制などの種類があります。子どもの特性によっては、それぞれにメリットとデメリットがあります。

特徴を知って相性のいい高校を選ぶ

高校にはいくつか種類があり、それぞれ特徴が異なります。

全日制は、朝から夕方まで授業を行う一般的な高校です。普通高校、工業高校、商業高校、農業高校などがあります。学びたいことに応じて選択肢が広い反面、中学校より授業の進み方が早くなることに加え、人間関係もより複雑になってきます。そのため、特性のある子どもの場合、勉強についていけない、友だちと良好な関係がつくれないなど、つまずく要因が多くなることが考えられます。

そこで子どもの特性と相性を第一に考え、学びやすい高校を選ぶことが大切です。

たとえば、子どもがコンピューターや機械などが好きであれば、工業高校を選択すると、やる気を持って勉強に臨み、能力を伸ばせる可能性が高くなります。

ただ、全日制高校の発達障害支援は、まだ始まったばかりです。気になる高校があるようなら、必ず子どもと一緒に見学に行って、環境を確認するようにしましょう。

定時制高校は、一日を午前の部、午後の部、夜間の部に分けて授業を行っています。年齢に制限がなく、仕事を持っている人も通えて、全日制より一年多い四年で卒業します。好きな時間に通えることや、授業以外の時間を自由に使えるのは魅力です。ただ、生徒同士の年齢がまちまちなことで、トラブルが起きることもあります。

昨今では通信制高校も大きな選択肢になります。通信制高校は自宅で学習し、週に一～二回スクーリングと呼ばれる面接指導に行きます。ほかの生徒と交流する機会がほとんどなく、また卒業までの期限もないことから、集団行動や他人とのコミュニケーションが得意でない人や、自分のペースで勉強したい人にとっては相性がいいといえるでしょう。

◆ 高校それぞれのメリットとデメリット ◆

全日制高校

おもなメリット

- ○ 普通高校、工業高校、商業高校、農業高校などがあり、選択肢が広い
- ○ 進学や就職など卒業後の進路の幅が広い
- ○ 同世代の友だちとの交友関係が広がる
- ○ 部活動などを通じて社会性が身につく

おもなデメリット

- ✕ 授業の進み方が早い
- ✕ 人間関係でトラブルになる場合がある
- ✕ いじめや孤立を招く場合がある
- ✕ 個別支援が受けにくい

定時制高校

おもなメリット

- ○ 午前、午後、夜間の好きな時間に通える
- ○ 授業以外の時間を自由に使うことができる
- ○ さまざまな年代の人と交流できる
- ○ 技能連携校（働くための技能を習得する）に並行して通える

おもなデメリット

- ✕ 卒業まで四年を要する
- ✕ 生徒の年代が違うことでトラブルになる場合がある

通信制高校

おもなメリット

- ○ 自宅で学習できる
- ○ 対人関係のトラブルがほとんどない
- ○ 卒業までの期限がないので、自分のペースで勉強ができる
- ○ 高校中退者でも再入学して卒業できる
- ○ 技能連携校（働くための技能を習得する）に並行して通える

おもなデメリット

- ✕ 学校生活を通じた交友関係ができにくい
- ✕ 社会性が育ちにくい
- ✕ 高校生という自覚が育ちにくい
- ✕ 自宅学習のためさまざまな誘惑があり、挫折しやすい

特別支援学校の高等部と高等特別支援学校

特性のために支援の必要性が高かったり、高校進学に対する不安が大きい場合は、特別支援学校を選択して自立を目指す方法もあります。

専門教育を受けた教員がいて支援体制が整っている

知的障害（療育手帳保有）がある、特性により支援の必要性が高い、通常の高校では適応が難しいというケースには、特別支援学校に進学するのも選択肢の一つです。

特別支援学校はかつて養護学校と呼ばれていたところで、発達障害や知的障害がある人に対して必要な支援と教育を同時に提供している学校です。特別支援学校には、小学部、中学部、高等部がありますが、近年では高等部だけの「高等特別支援学校」が整備され始めています。

特別支援学校の高等部や高等特別支援学校には、特別支援学校の中学部から進学するケースがほとんどですが、普通中学校から進学することもできます。

特別支援学校の大きな特徴は、なんといっても支援体制が整っていて、個別の支援が受けやすいことです。入学する段階で診断名や本人の特性がわかっているので、学校側も生徒の特性に合わせた支援をすることができます。

また、特別支援学校の教員は障害児教育に特化した専門教育を受けた人がほとんどで、発達障害に関する知識や経験が豊富なので、相談や支援もスムーズに行うことができるというメリットがあります。

就労に備えた職場実習も充実

特別支援学校の高等部や高等特別支援学校では、就労を目指した職業教育にも力を入れています。授業のほかにも、生活スキルを学ぶ時間が設けられていたり、農作業や技能実習をしたり、工芸などを経験することで、将来の就労につながる体験をすることができます。

また、実際に企業や事業所に出向いて、一定期間トレーニングを受ける形の実習を行うこともあります。

特性によって支援が必要だったり、通常の高校生活を送ることに不安を感じている場合は、特別支援学校の高等部や高等特別支援学校への進学も視野に入れておくといいでしょう。

進路として特別支援学校を選択する場合には、本人や家族が診断名を知り、その特性について理解していることが重要となります。特別支援学校で学ぶ子どもはさまざまな障害を抱えている場合が多く、知的レベルも異なります。子どもの特性や能力に合ったオーダーメードの教育が理想ですが、現実にはそれを行う体制が十分に整っているとはいえません。

教育現場は試行錯誤の連続です。進学を志望する際には、なにごとも現場任せにせず、本人や家族も一緒に教育体制や支援体制をつくっていくのだ、という心構えを持つことが大切です。

働くという選択肢もある

中学卒業後の進路は、高校進学だけではありません。就労支援制度や福祉制度を利用して、適性に合った仕事に就くという選択肢もあります。

障害のある人のための「手帳」がある

発達障害に限らず、障害のある子どもの中学校卒業後の進路は、高校進学以外に〝就労する〟という選択肢もあります。子どもの意思を尊重し、特性や将来の自立・自活を考慮しながら、検討してみるといいでしょう。

障害のある人が働く場合、「障害者手帳」を取得するとよいでしょう。手帳制度は、障害者を支援するための制度です。

手帳を取得して支援の必要性を理解してもらうことで、就労先の理解が受けやすくなります。また、就労後もさまざまな支援が受けられるメリットがあります。

ちなみに日本では、障害のある人のために三種類の手帳があります。手帳の呼び名は自治体のよって異なります。

障害者の就労機会は増えている

手帳を取得して受けられる就労支援の一つに、「障害者雇用促進法」という法律に基づいた「障害者雇用率制度」があります。

手帳の申請と種類

障害者手帳を申請するには、医師の診断書、顔写真、申請書を市区町村または福祉事務所に提出し、精神保健福祉センターなどの審査を受けます。手帳の有効期限は二年なので、二年毎に更新申請書を提出する必要があります。

※詳細は、市区町村の障害者福祉担当窓口で確認してください。

■ 身体障害者手帳

目や耳が不自由な人。手や足、内臓などに機能障害がある人が取得できます。

■ 療育手帳

知的障害のある人、知的障害をともなうＡＳＤの人が取得できます。

■ 精神障害者保健福祉手帳

統合失調症、うつ病、てんかんなどの精神障害のある人が取得できる手帳です。また、その他の精神障害として、知的障害をともなわない発達障害（ＡＳＤ、ADHD、ＬＤ）も取得の対象に含まれています。

これは、従業員45・5人以上を雇用する事業所では、雇用する労働者の中に障害者の占める割合を一定以上にしなければならないことを規定した制度で、二〇二一年三月から民間企業では2・3％、国や地方公共団体では2・6％と定められています。従業員の多い企業ほど、雇用される障害者の数も多くなるので、就労のチャンスも増えます。

それ以外にも、就労にあたっては、支援つきの雇用やジョブコーチといった制度も利用できます。障害者を差別することも法律で禁止されていますし、障害の特性に沿った「合理的配慮」を企業に求めることもできます。

手帳を取得することは、子どもの障害を受け入れることでもありますが、それによって支援を受けながら就労するという進路が開け、将来の自立や自活に向けて前進することができます。

監修者略歴

宮尾益知（みやお　ますとも）

東京生まれ。徳島大学医学部卒業、東京大学医学部小児科、自治医科大学小児科学教室、ハーバード大学神経科、国立成育医療研究センターこころの診療部発達心理科などを経て、2014年にどんぐり発達クリニックを開院。主な著書・監修書に『発達障害の治療法がよくわかる本』、『発達障害の親子ケア』、『女性のアスペルガー症候群』、『女性のADHD』（いずれも講談社）、『アスペルガーと愛』（東京書籍）、『職場の発達障害』、『女性の発達障害』、『発達障害の基礎知識』、『発達障害の子どもが元気になるやさしい言葉かけ』（いずれも小社）など。専門は発達行動小児科学、小児精神神経学、神経生理学。発達障害の臨床経験が豊富。

参考図書

『親子で乗り越える思春期の発達障害』塩川宏郷／監修　河出書房新社

『発達障害の子どもが持っている長所に気づいて伸ばす本』宮尾益知／監修　河出書房新社

『発達障害の“二次障害”を理解する本』宮尾益知／監修　河出書房新社

『女の子の発達障害』宮尾益知／監修　河出書房新社

Staff

装丁／志摩祐子（レゾナ）

本文デザイン・DTP／志摩祐子、西村絵美（いずれもレゾナ）

カバー・本文イラスト／横井智美

企画・構成／青文舎（西垣成雄）

編集・執筆／関根利子

親子で力を合わせ 思春期の発達障害を乗り越える

2021年12月20日初版印刷

2021年12月30日初版発行

監　修　宮尾益知

発行者　小野寺優

発行所　株式会社河出書房新社

〒151-0051

東京都渋谷区千駄ヶ谷2-32-2

電　話　03-3404-1201（営業）

03-3404-8611（編集）

https://www.kawade.co.jp/

印刷・製本　図書印刷株式会社

Printed in Japan　ISBN978-4-309-25438-8